劳动教育箴言

Maxims of Labor Education

（手绘插图本）

郭明义 巨晓林 高凤林 / 主编

李珂 刘瑶瑶等 / 编写

中国工人出版社

前言

　　党的十八大以来，习近平总书记关于劳动作出一系列重要论述，在继承和发展马克思主义劳动思想的基础上，回应了新时代中国特色社会主义发展所面临的新使命和新课题，形成了"实干兴邦"的劳动实践观、"民族复兴"的劳动发展观、"崇尚劳动"的劳动价值观、"热爱劳动"的劳动教育观，构筑起以劳动支撑中国特色社会主义伟大事业的实践路径。

　　2020年3月20日，中共中央、国务院印发了《关于全面加强新时代大中小学劳动教育的意见》（以下简称《意见》），明确阐释了新时代加强劳动教育的重大意义、指导思想和基本原则，系统规划了劳动教育的总体要求、体系构建、组织实施等内容，为深入推进新时代劳动教育指明了目标与路径。7月9日，教育部印发《大中小学劳动教育指导纲要（试行）》，为大中小学深入贯彻《意见》精神、具体落实劳动教育提供了行动指南。7月14日，中华全国总工会印发《关于在全面加强新时代大中小学劳动教育中充分发挥工会组织作用的指导意见》，就如何充分发挥工会组织作用加强劳动教育工作作出部署。这是工会组织对中国特色劳动教育模式的积极探索，在价值引领、实践载体、理论研究、教育培训等方面，为工会组织发挥自身优势、积极参与劳动教育指明了方向。

　　加强劳动教育是坚持和发展马克思主义唯物史观、坚持和发展中国特色社会主义的客观需要。习近平总书记强调，社会主义是干出来的，新时代也是干出来的。劳动在马克思主义哲学体系占有重要的地位，认为劳动是人类的本质。中国特色社会主义更是需要全体人民通过辛勤劳动进行建设。

加强劳动教育是建设社会主义现代化强国、实现中华民族伟大复兴的中国梦的客观需要。加强劳动教育,有助于提升广大劳动者素质,培养一支知识型、技能型、创新型的高素质劳动者大军,为产业转型升级和经济高质量发展提供人才支撑。

加强劳动教育是实现立德树人根本任务的客观需要。加强劳动教育有助于引导大中小学生崇尚劳动价值、追求劳动创造、尊重劳动主体,以辛勤劳动为荣、以好逸恶劳为耻,不断成长为有理想信念、有过硬本领、有责任担当的建设者和接班人,从而做到以劳树德、以劳增智、以劳强体、以劳育美、以劳创新,促进学生德智体美劳全面发展。

中国工会作为中国共产党领导的职工自愿结合的工人阶级群众组织,是劳动精神和劳动观念的积极倡导者,是加强劳动教育的重要推动力量,在加强劳动教育中具有独特优势,工会组织责无旁贷、使命光荣。为便于大中小学生和广大职工群众学习马克思主义劳动观,学习优秀传统劳动文化,学习和践行劳模精神、劳动精神、工匠精神,我们组织编写了《劳动教育箴言》。本书作为第一部系统、全面整理劳动教育箴言的著作,不仅收集整理了与劳动相关的诗歌、格言、俗语,还系统梳理了马克思主义经典作家关于劳动的论述以及经典名家的劳动教育箴言,并呈现了反映中国不同历史时期劳动模范、大国工匠等先进人物的经典语录,旨在引导大中小学生和广大职工群众能够坚定理想信念、厚植爱国情怀,不断加强品德修养、增长知识见识、培养奋斗精神,进而促进青少年以及广大职工群众树立正确的劳动观,崇尚劳动、尊重劳动,增强劳动的本领,报效国家,奉献社会。

CONTENTS
■ 目录

- 001 第一章　劳动价值篇：树立正确劳动观念
- 035 第二章　劳动精神篇：弘扬优秀劳动文化
- 061 第三章　劳模精神篇：践行崇高劳模初心
- 093 第四章　工匠精神篇：致敬美丽匠人风范
- 115 第五章　劳动育人篇：发挥独特育人价值
- 153 参考文献
- 155 后记

CHAPTER 1
第一章

劳动价值篇

树立正确劳动观念

通过劳动教育，使学生能够理解和形成马克思主义劳动观，牢固树立劳动最光荣、劳动最崇高、劳动最伟大、劳动最美丽的观念；体会劳动创造美好生活，体认劳动不分贵贱，热爱劳动，尊重普通劳动者，培养勤俭、奋斗、创新、奉献的劳动精神；具备满足生存发展需要的基本劳动能力，形成良好劳动习惯。

——《中共中央 国务院关于全面加强新时代大中小学劳动教育的意见》

追溯历史发展,从远古时代的钻木取火、神农氏教民稼穑到现代文明的云数据、人工智能都是人类劳动的智慧结晶。人类劳动始终贯穿于社会生产的发展和实践之中,劳动创造了历史,劳动改变了世界。本章以树立正确的劳动价值观为出发点,收集整理了伟大的思想家、革命家关于劳动的至理箴言,其中阐释了劳动和劳动教育的意义。

> 劳动已经不仅仅是谋生的手段，而且本身成了生活的第一需要。
>
> ——《马克思恩格斯全集》

箴言释义

"劳动已经不仅仅是谋生的手段"，意味着人类从对物的依赖中已经逐渐解放出来，开始走向全面自由发展，这对我们进一步理解"美好的生活"具有指导意义。劳动作为人的第一需要，解决了人能不能活着和人如何活着这两个命题。第一，劳动是人类的生理条件所强加的，是每一个人都无法摆脱的活动。第二，在人一生的生存发展过程中，或是经验的积累，或是性格的养成，或是物质的收获等，都与劳动相伴，留下许多劳动的痕迹。

劳动不仅为人类的发展提供必要的物质条件和精神条件，同时还包括为人类的发展搭建实践平台。马克思认为，人类本质的实现是一个通过劳动而自我诞生、自我创造和自我发展的历史过程，劳动既是人本质形成的起点，也是人本质发展的基础，更是整个社会文明不断进步的动力。

劳动者成为社会的主人之后，劳动的作用也相应有了新的发展，劳动不仅是劳动者自己生存发展的基本活动，同时也是劳动者创造自身发展条件的活动,劳动开始向人生命本身的需要转化,这一点基于劳动者需要通过劳动来不断满足自己增长的物质文化和精神文化需求。因此,在劳动的过程中,人处于一个不断发展、不断完善的过程,劳动是人的第一需要。

> 未来教育对所有已满一定年龄的儿童来说，就是生产劳动与智育和体育相结合，它不仅是提高社会生产的一种方法，而且是造就全面发展的人的唯一方法。
>
> ——《马克思恩格斯全集》

箴言释义

这一培养全面发展的人的科学论断，凝聚着马克思哲学思想的光辉。青少年是祖国的未来，也是把我国建设为社会主义现代化强国的主力军。身体是学习、工作的物质基础。加强学校体育工作，增强学生体质，不仅能使学生精力充沛地学习文化科学知识，提高学习效率，顺利完成学习任务，还能使青少年未来适应建设祖国、保卫祖国的需要，为党为人民作出更大的贡献。

将生产劳动同智育和体育相结合，意味着把劳动教育作为教育体系中不可或缺的重要内容纳入人才培养过程。这明确了劳动教育与其他教育的平等地位，揭示了劳动教育与其他教育内容之间的内在联系。2020年3月，《中共中央 国务院关于全面加强新时代大中小学劳动教育的意见》中指出，近年来一些青少年中出现了不珍惜劳动成果、不想劳动、不会劳动的现象，劳动的独特育人价值在一定程度上被忽视，劳动教育正被淡化、弱化，这一点需要引起重视。劳动教育不仅具有树德、增智、强体、育美的综合育人功能，同时也是构建全面教育体系的关键环节，劳动给每个人提供了全面发展和表现自己全部即体力劳动和脑力劳动的机会。只有教育与生产劳动相结合才能实现人的德、智、体、美、劳的全面发展，才能保证人类社会发展的持续性。

> 在合理的制度下，当每个人都能根据自己的兴趣工作的时候，劳动就能恢复它的本来面目，成为一种享受。
>
> ——《马克思恩格斯全集》

箴言释义

一切劳动者，只要肯学肯干肯钻研，练就一身真本领，掌握一手好技术，就能立足岗位成长成才，就能在劳动中发现广阔的天地，在劳动中体现价值、展现风采、感受快乐。让劳动本身成为享受是劳动幸福权，这是马克思主义的重要内容。

劳动幸福包含两层含义：一是劳动是幸福的源泉，只有通过辛勤劳动、诚实劳动、创造性劳动而获得的幸福才是真正的幸福；二是让劳动本身成为享受的事情，让劳动本身成为一种快乐。虽然现代社会的高度分工化使人越来越难以从事自己喜欢的工作，在择业方面不能自主选择，但我们对劳动的喜欢和兴趣不是盲目和抽象的，也是要结合自己的兴趣爱好，尤其是能力和技能，在社会上寻找匹配适合自己的劳动形式和工作岗位。在这种条件下，劳动者的个性和聪明才智不再受到压抑，可以充分发挥和表现。

劳动本身是一种自主性活动，它要求劳动者能够自主地选择、支配和展开自己的劳动过程，自主劳动、自由劳动才能激发劳动者的热情，培养克服困难的意志，激发创造性才能。在这个劳动过程中，劳动者运用自己的创造性劳动克服种种困难，得到预期的物质或者精神成果时，就会产生极大的愉悦感和成就感。因此，创造性劳动本身就是充满幸福感和让人愉悦的，当通过劳动获得相应的回报和肯定时，所产生的愉悦感和成就感也正是劳动价值的一种体现。这种过程与结果的统一才能真正让劳动者获得享受，从而保持劳动的可持续性，使劳动成为持久性的愉悦。

> 任何一个民族,如果停止劳动,不用说一年,就是几个星期,也要灭亡,这是每一个小孩都知道的。
>
> ——《马克思恩格斯选集》

箴言释义

劳动创造了人和人类社会,在人的形成和人类社会的诞生过程中,劳动起着决定性作用,正是由于劳动,才使得人类告别了刀耕火种的蒙昧时代,走向文明。劳动是人类生命的生产形式,所谓生命的生产有两层含义:一是"自己生命的生产",即通过自身劳动;二是"他人生命的生产",即人类生命的诞生。从人类整体的角度讲,"自己生命的生产"即人类生命的生产,"他人生命的生产"即人类的繁衍。无论哪层含义,都包含了人类的劳动本质。

人类的一切活动,包括经济活动、政治活动与文化活动,在本质上都是价值的运动,都是各种不同形式的价值不断转化、循环、增值的过程,只有通过劳动,才能实现这种价值的循环,否则一切都只是纸上谈兵。

劳动是一切财富的源泉,其实劳动和自然界一起才是财富的源泉,自然界为劳动提供材料,劳动把材料变为财富。假如一个人不劳动的话，那生活的状态会是怎样的？首先没有了经济来源，一名离开工作岗位的人，天天窝在家里，难以认识世界，不会接触朋友，最终可能就像一个流浪汉，潦草地结束自己的生命。所以，劳动是整个人类生活的第一个基本条件。劳动通过作用于自然物，解决了人类吃、穿、住、行的问题，推动了社会生产力的进步。只有生产力得以发展，才能促进物质财富和精神文化财富的丰富，才能充分满足每个社会成员的需要，社会发展才能得以循环和维系。

> 劳动是劳动者的直接的生活来源，但同时也是他的个人存在的积极实现。
>
> ——《马克思恩格斯全集》

箴言释义

劳动无处不在，劳动构成了整个人类生活实现的基本条件，是实现人与自然界相互交融的一种方式。在现实生活中，人类的吃、穿、住、行都由劳动完成，而人类通过劳动由自然人转变成社会人。劳动既是一种付出，也是一种自我价值的体现。劳动者通过劳动播种希望、收获果实，创新生产、改变生活、改善生态，同时也通过劳动磨炼意志、塑造性格，助推劳动者实现自我梦想。此外，劳动一方面使劳动者获得生存的必需品、社会的尊重；另一方面劳动所得的财富也供养了劳动者的家人、朋友以及他人。

在经济全球化背景下，每一名普通劳动者都用自己的辛勤劳动撑起国家的脊梁、汇聚起中国的力量，用中国制造的小至纽扣、面料，大至援助安哥拉的列车等劳动成果造福各国人民，这既是中国劳动者的价值体现，也是劳动创造财富的真实写照。

虽然劳动的过程并不一定都是愉快的，但是结果却往往会让人感觉充实，因为我们在付出辛勤汗水的同时也获得了精神上的升华。

任何一名劳动者，无论从事的劳动技术含量如何，只要勤于学习、善于实践，在工作上兢兢业业、精益求精，就一定能够拥有闪光的人生。因此，通过劳动教育，引导学生学习劳动理论、参加劳动实践、掌握劳动技能，树立正确的劳动观，增强对劳动人民的感情，报效国家、奉献社会，进而使个人价值得到更好的实现。

> 劳动是生产的主要因素，是"财富的泉源"，是人的自由活动。
>
> ——《马克思恩格斯全集》

箴言释义

　　劳动是人类最基本和最重要的社会实践。自然资源、劳动力、生产资料、信息和科学技术构成了生产力的五大要素。由于人是生产过程的主体，在生产力的诸多要素中，人所具有的劳动力是起支配作用的要素。只有通过人对自身劳动力的利用即人开展劳动，各种生产要素才能结合起来形成能动的生产过程，从而转换为人类所需的物品。人一旦离开劳动，无论是物质生产还是精神生产，乃至人类自身生产，都不可能存在。

　　劳动是财富的源泉，也是幸福的源泉。劳动创造财富、创造价值的科学论断告诉我们，劳动是生产要素中最为重要、最为活跃、最有创造力的要素，是创造财富最主要的源泉。尽管财富的形式是多种要素共同作用的结果，但劳动始终是其中的必要条件，并且是产品价值的唯一来源。

　　随着经济社会的发展，劳动等人的因素相对于物的因素的作用日益突出，贡献率日益增大。人类只有通过劳动活动才能生存下去，劳动活动开展的最本质特点即在于人们能够自由自觉地从事劳动活动，而想要实现人类自由全面的发展，最根本的内容也是人能够进行劳动的自由活动。因此，只有尊重劳动、热爱劳动、诚实劳动、创造性劳动，才能使劳动者凝心聚力促进发展，让劳动绽放出更加璀璨的时代光芒。

> 劳动的发展必然促使社会成员更紧密地互相结合起来，因为它使互相帮助和共同协作的场合增多了，并且使每个人都清楚地意识到这种共同协作的好处。
>
> ——《马克思恩格斯全集》

箴言释义

我们每个人都是社会中的人，都是依附在一定的社会关系当中的，因此人的劳动具有群体性的特征，离开了整个人类社会，个体的劳动无法实现。在劳动过程中，大家互相交流、互相沟通，共同合作，取长补短，最后一起解决难题，才是现代劳动应有之义。劳动可以使人在劳动过程中学会体谅、团结、分享等社会交往的品质，亲身体验到"一粥一饭之不易，一丝一缕之艰辛"，必要的吃苦精神和自立精神、学会分工合作以及面对困难坚持不懈，这些都为青少年更好地融入社会生活打下了基础。

鉴于劳动是多人在同一生产过程或相互联系的生产过程中，有计划的协同劳动，人才能在自身践行劳动的过程中感悟劳动的不易、协作的重要，从而崇尚劳动、尊重劳动、尊重劳动者，能够像爱护亲人般爱护劳动者，珍惜劳动者的劳动成果。

> 教育要使儿童和少年了解生产各个过程的基本原理，同时使他们获得运用各种生产的最简单的工具的技能。
>
> ——《马克思恩格斯全集》

箴言释义

劳动不仅是技艺学习或体力活动，还是连接个人和社会的纽带。积极的劳动教育不仅能够帮助青少年了解生产过程的基本原理，形成正确的劳动价值观，而且能够激发青少年对劳动过程的好奇心和求知心。纸上得来终觉浅，绝知此事要躬行。通过劳动教育，青少年不仅能够了解一些理论问题，同时还能够在劳动实践中提升操作能力和创造能力，此外技能的掌握与使用也有利于提高青少年对知识的理解程度。

习近平总书记指出："素质是立身之基，技能是立业之本。广大劳动群众要勤于学习，学文化、学科学、学技能、学各方面知识，不断提高综合素质，练就过硬本领。"2020年3月，《中共中央 国务院关于全面加强新时代大中小学劳动教育的意见》中将劳动教育进一步体系化，指出小学低年级要注重围绕劳动意识的启蒙，让学生学习日常生活自理；小学中高年级要注重围绕卫生、劳动习惯养成，让学生做好个人清洁卫生，主动分担家务，适当参加校内外公益劳动，学会与他人合作。这对开展劳动教育有着重要的指导意义，一定程度上保证了育人目标的实现。

在实际中，深层化、生动化的劳动教育要依靠家庭和学校的力量。法国社会学家塔尔德认为，模仿是先天的，是基本的社会现象。家长应以身作则，通过家庭教育帮助青少年树立正确的劳动观念与劳动意识，学会基本的家务技能，同时引导青少年热爱劳动，尊重劳动成果。在学校教育方面，学校可以在中小学开展连续性的劳动课程，如烘焙课、手工课、绘画课等，并请老师进行专业辅导；同时也可以与校外单位建立合作，给青少年更多机会参与种植、采摘、志愿活动，丰富青少年的劳动生活，让广大青少年在劳动教育的过程中收获更多的理论知识和实践技能。

> 没有年轻一代的教育和生产劳动的结合，未来社会的理想是不能想象的；无论是脱离生产劳动的教学和教育，或是没有同时进行教学和教育的生产劳动，都不能达到现代技术水平和科学知识现状所要求的高度。
>
> ——《论列宁》

箴言释义

2020年3月，《中共中央 国务院关于全面加强新时代大中小学劳动教育的意见》中指出，劳动教育是中国特色社会主义教育制度的重要内容，直接决定社会主义建设者和接班人的劳动精神面貌、劳动价值取向和劳动技能水平。这是党中央、国务院在新的国际和国内形势下，顺应中国特色社会主义进入新时代对人才培养的更高要求。现代科学是靠人类在长期的实践中对客观世界的认识，一点一滴积累起来和继承下来的，而这种积累和继承必须通过教育来实现。教育把人类积累起来的知识传授给下一代，同时发展他们的智力，使他们在社会实践中创造新的科学技术。新时代的高素质人才，既要掌握相关领域的专业技术知识，又要能够理论联系实际；既要具有一定的专业技能，又要具备较强的实践能力。因此，劳动者的生产劳动与教育相结合是一种必然要求。

教育与生产劳动相结合,是促进人全面发展的有效途径,学生要想获得较为全面的知识,既要学会用脑劳动,同时也要学会用手劳动,在生产实践中储备未来工作生活的基本技能,进而培养学生的自信心、责任心等思想品质和为实现中华民族伟大复兴而奋斗的坚强意志。

> "不劳动者不得食",这是任何一个劳动者都懂得的。
>
> ——《列宁全集》

箴言释义

"不劳动者不得食"是社会主义社会分配个人消费品的一项原则,即在社会主义制度体系下,一切有劳动能力的成员都必须参加劳动,凭借劳动获得个人消费资料,它与社会主义制度下的按劳分配原则是一致的。2020年3月,《中共中央 国务院关于全面加强新时代大中小学劳动教育的意见》中指出,当前仍然存在学生"不珍惜劳动成果、不想劳动、不会劳动"的问题。现在部分青少年沉浸在虚拟网络空间的时间长,对现实生活的酸甜苦辣体会不深,"五谷不分""不辨菽麦"的现象不在少数。"生活即教育、社会即学校",劳动教育并非要与网络虚拟空间绝缘,而是不能让学生脱离劳动、远离真实生活,体会不到劳动的艰辛,感悟不到生活的冷暖。加强劳动教育,正是从家庭、学校、社会多个时空场景鼓励学生参加劳动,体验真实生活,引导他们掌握生活技能,增强生活自理能力,在劳动生活大课堂中历练成长,明白"不劳动者不得食"的真谛。

> 少说些漂亮话，多做些日常平凡的事情。
> ——《列宁选集》

箴言释义

伟大的无产阶级革命导师列宁，在他的生活中，无论国务活动怎样繁忙，他总要挤出时间来接见来访者、拆阅大量的人民来信、满足群众的正当要求。美国一位作家曾盛赞列宁的信访接待室是"世界上最大的接待室"。当时有不少同志看到列宁经常为来信来访的事情操劳过度，就说这些"小事情"不该去麻烦列宁。可列宁却认为这些"小事情"是必须应该注意的，要从小事做起，因为只有这样，才能证明自己是为人民服务的踏实行动的公仆，而不是人民厌恶的官僚主义者。

列宁在《俄共（布）第七次（紧急）代表大会文献》中提到，"少讲空话，多做实事"。马克思在《致燕妮·龙格》里曾写道，"空谈和实干是不可调和的对立面"。毛泽东为《七大纪念册》题词时留下了"实事求是，力戒空谈"的笔触。邓小平在《结束过去，开辟未来》一文中说道，"多做实事，少说空话"。2013年4月28日，习近平总书记在全国劳动模范座谈会上提出，"我们说'空谈误国，实干兴邦'，实干首先就要脚踏实地劳动"。只要踏实劳动、勤勉劳动,在平凡岗位上也能干出不平凡的业绩。我们熟知的时传祥、王进喜、包起帆、许振超等,他们都是平凡岗位上的劳动者,用一点一滴的奉献,成就了不凡的工作成绩。只有集中精力、心无旁骛,全身心投入工作,干一行、爱一行、钻一行,学习和掌握做好工作所需的知识和本领,才能实现人生目标和价值。

> 我们的教育方针,应该使受教育者在德育、智育、体育几方面都得到发展,成为有社会主义觉悟的有文化的劳动者。
>
> ——《毛泽东同志论教育工作》

箴言释义

劳动教育是国民教育体系的重要内容,是学生成长的必要途径,具有树德、增智、强体、育美的综合育人价值。体育、智育和德育的关系是辩证统一的,它们是相辅相成,缺一不可的。劳动教育与德育、体育的融合,既是一种教育内容上的融合,又是一种教育形式上的融合。"四育"中都透着劳动教育的要素,"四育"功能的发挥也都在一定意义上需要通过劳动实践才能得以实现。

如何充分发挥劳动教育的综合育人功能,《中共中央 国务院关于全面加强新时代大中小学劳动教育的意见》将劳动教育进行体系化统筹设计。"以劳树德、以劳增智、以劳强体、以劳育美、以劳创新",帮助青少年形成正确的劳动观念,养成劳动习惯,掌握劳动技能,涵养热爱劳动和劳动人民的情感情怀,进而促进德育、智育、美育的效果实现和质量提升,让学生通过生产劳动的实际锻炼,全面提高德、智、体、美、劳各方面素质。

> 劳动模范有三种作用,即带头作用、骨干作用和桥梁作用。
>
> ——《毛泽东哲学著作学习文件汇编》

箴言释义

劳动模范是社会发展和生产实践主体中的先进分子和标兵榜样。党中央向来高度重视发挥工人阶级的主力军作用,发挥劳动模范的示范带动作用。自党的十八大以来,习近平总书记针对劳动模范、劳模精神、劳动精神、劳动教育发表了一系列重要论述,"劳动模范是民族的精英、人民的楷模""我们要在全社会大力弘扬劳动精神,提倡通过诚实劳动来实现人生的梦想、改变自己的命运",要"弘扬劳模精神和工匠精神,营造劳动光荣的社会风尚和精益求精的敬业风气"。这些重要论述将劳模精神提升到了一个新的高度,既丰富了劳模精神的时代内涵,同时又凸显了劳动模范的时代价值。

在现在的教学实践中,一些学校忽略了劳动模范的榜样引领作用以及劳模精神同其他精神文化在价值观念引领作用和精神内涵等方面的差异,没有结合在校师生的实际情况,采用统一的教学模式,致使教育效果未能尽如人意,没有达到预期效果。2020年3月,《中共中央 国务院关于全面加强新时代大中小学劳动教育的意见》

中指出，大力宣传辛勤劳动、诚实劳动、创造性劳动的典型人物和事迹，弘扬劳动光荣、创造伟大的主旋律，旗帜鲜明地反对一切不劳而获、贪图享乐、崇尚暴富的错误观念。将学习劳动模范、发扬劳模精神融入教育具有现实意义，可以有效发挥其强大的精神力量，培养当代青年树立正确的价值观，践行社会主义核心价值观，实现中华民族伟大复兴的中国梦。

> 劳动创造世界，科学也是体力劳动和脑力劳动的产物。
>
> ——《周恩来选集》

箴言释义

劳动力，即人的劳动能力，它既包括脑力因素也包括体力因素，劳动力的耗费必然表现为脑力劳动和体力劳动的总和。在机器大工业时代，其劳动形式以体力劳动为主；而在当代经济社会，人们劳动的形式已经发生了较大变化，在劳动力构成中脑力劳动所占的比例越来越大，已经占据主体地位。作为价值实体的抽象劳动就是"人的脑、肌肉、神经、手等的生产耗费"，也就是说，创造价值的劳动始终都是劳动者的脑力和体力的统一，既包括脑力劳动也包括体力劳动。在劳动过程中，脑力因素和体力因素结合在一起共同发挥作用，脑力的耗费必须通过体力劳动才能作用于劳动对象并得到实现，没有体力劳动，脑力劳动只是纸上谈兵。任何劳动都是劳动者脑力和体力的支出，其区别仅仅在于脑力和体力支出的量和比例不同。

> 奖励模范的好的工人,是为着教育广大的群众用新的态度来对待新的劳动。
>
> ——《刘少奇选集》

箴言释义

"劳动最光荣、劳动最崇高、劳动最伟大、劳动最美丽,全社会都应该尊敬劳动模范、弘扬劳模精神,让诚实劳动、勤勉工作蔚然成风。"这是习近平总书记的殷殷期望。广泛汲取先进人物、榜样人物的事迹素材,挖掘各个岗位上涌现出来的典型人物事例,宣传劳模故事,大力弘扬劳模精神,推广劳动教育先进事迹和典型经验,进一步强化大国工匠、劳动模范、时代楷模、最美人物、身边好人等的榜样示范引领作用,释放劳动者风采的时代正能量,是在全社会共同营造热爱劳动、尊崇劳动的教育氛围和社会风尚的重要内容。

如春风化雨渗透于劳动者的日常生活,浸润滋养广大劳动者的心灵深处,有利于引导全社会"学习劳模、尊重劳模、崇尚劳动",形成通过脚踏实地、辛勤劳动创造幸福生活、实现人生价值的正确导向,成为人们特别是青年一代的共同追求。

> 劳动乃是人类社会赖以生存和发展的基础，劳动者乃是文明的创造者。
>
> ——《刘少奇选集》

箴言释义

人民创造历史，劳动开创未来。劳动是推动人类社会进步的根本力量。劳动者是社会物质财富的创造者，劳动者通过劳动供给全世界衣食等社会物质生活资料，创造了人类的物质文明。劳动者是社会精神财富的创造者。劳动者不仅以其实践活动为创造精神财富提供取之不尽的源泉，而且以其千百万创造者的伟大力量和智慧，为人类社会提供不可胜计的精神财富。早在五千年前，中华民族的先人们就在黄河、长江流域开始了与自然环境的艰苦斗争，开启了缔造中华文明的伟大实践。劳动是人的本质活动，作为"人借以实现人和自然之间的物质变换的人类一般的生产活动"，早已深深融入中华民族的道德认知，成为公序良俗的重要内容，是中国文化的重要内容。追溯历史的发展，正是源于劳动人民的辛勤劳动，社会文明才能不断进步和发展，人间美好梦想才得以实现，人类历史才得以不断铸就辉煌。

> 广大的青年群众也都懂得，祖国的美好将来和人民幸福的生活，只能靠艰苦的劳动来创造，他们生气勃勃地为新社会的建设而努力劳动。
>
> ——《朱德选集》

箴言释义

　　劳动是财富和幸福的源泉，也是推动人类进步的阶梯。习近平总书记对广大青少年培养深厚的劳动情怀抱有殷切期待，2015年4月28日，习近平总书记在庆祝"五一"国际劳动节暨表彰全国劳动模范和先进工作者大会上的讲话中强调："要教育孩子们从小热爱劳动、热爱创造，通过劳动和创造播种希望、收获果实，也通过劳动和创造磨炼意志、提高自己。"2018年9月10日，在全国教育大会上，习近平总书记再次指出："要在学生中弘扬劳动精神，教育引导学生崇尚劳动、尊重劳动，懂得劳动最光荣、劳动最崇高、劳动最伟大、劳动最美丽的道理，长大后能够辛勤劳动、诚实劳动、创造性劳动。"青少年作为我国社会主义事业的建设者和接班人，肩负着为社会主义事业添砖加瓦的重要历史使命。习近平总书记指出："要通过各种措施和方式，教育引导广大青少年牢固树立热爱劳动的思想、牢固养成热爱劳动的习惯，为祖国培养一代又一代勤于劳动、善于劳动的高素质劳动者。"

　　加强新时代青少年的劳动教育，引导青少年树立正确劳动观念，进而在劳动中深化认识，从劳动中获取知识，培养吃苦耐劳、坚毅果敢的优良品质。通过家庭、学校、社会的共同努力提升劳动教育在青少年中的实际效果，不仅是当前教育工作迫在眉睫的任务，更是全面建成小康社会，实现中华民族伟大复兴的应有之义。

> 从事脑力劳动的青年，也应该经过一段时间的体力劳动，这对于他们的德育、智育、体育的全面发展是必要的。
>
> ——《邓小平文选》

箴言释义

人类最初的劳动都是脑力和体力的结合，只是发展到一定的历史阶段，二者才相对分开，有些人专门从事脑力劳动，有些人专门从事体力劳动。但从某一项目的整个生产过程来看，二者又是紧密结合的。

体力劳动是人改造自然世界、升级精神世界的主要方式，是劳动者身份认同、阶级意识确立的重要途径，是实现人的全面发展的重要途径，有着十分重要的育人价值。坚持教育与生产劳动相结合是我国教育的重要原则，也是体力劳动的教育内核。社会主义高校要发挥体力劳动价值论的指导作用，拓展体力劳动实践平台，构建"五育协同"育人体系，发挥体力劳动基础性育人作用，培育"学校—家庭—社会"体力劳动教育协同机制，使体力劳动教育成为社会主义高校培养时代新人的重要实践环节。

> 劳动也是教学,是政治思想课。
>
> ——《邓小平文选》

箴言释义

随着时代的不断发展,高校思想政治教育的内容体系并非是一成不变的,而是在高校思想政治教育的理论与实践中不断丰富起来的。习近平总书记在北京大学师生座谈会上的讲话强调,"要把立德树人内化到大学建设和管理各领域、各方面、各环节,做到以树人为核心,以立德为根本"。将劳动教育、劳模精神融入高校思想政治教育,是贯彻和落实立德树人教育理念和践行社会主义核心价值观的一种重要方式。劳模精神融入高等院校思想政治教育,实现了对广大师生的道德培养、精神凝聚和价值观塑造,进而回答了"怎样培养人"的教育根本问题。劳动文化、劳模精神是时代文化、时代精神的精华,具有丰富的理论内涵,最重要的就是它本身具有的教育价值。因此劳动教育融入高校思想政治教育具有现实意义,可以发挥其强大的精神力量,强化思想政治理论课教师建设,培养当代大学生树立正确的价值观,践行社会主义核心价值观,提升高校思想政治教育效果。

> 学校要把劳动定到课程中，每周规定半天，主要是使娃娃们养成劳动习惯，加强集体观念。
>
> ——《邓小平文选》

箴言释义

苏霍姆林斯基认为，"作为一种道德品质，热爱劳动的思想只有在集体中才能形成"。集体主义既是我国社会主义劳动教育的重要特征，也是社会主义劳动教育的巨大优势。我国历来重视劳动教育中的集体主义导向，劳动实践经常以班集体为开展主体。孩子参与劳动，就是在接触外部世界，就是在建立与外部世界的关系，也在动手改造这个世界。社群主义认为，社群给人以美德，诸如爱国、奉献、牺牲、利他、团结、互助、友爱、诚信、宽容等美德，都是通过社群形成的。在集体劳动中，学生之间增加了互动频度，将集体目标与自身目标相结合，是践行社会主义核心价值观的有效方式。在集体中开展劳动，增强了学生的归属感，营造了学生之间互帮互助的良好氛围，提升了劳动愉悦感，促进开展劳动的积极性，培养热爱劳动的好习惯。

> 为了培养社会主义建设需要的合格的人才，我们必须认真研究在新的条件下，如何更好地贯彻教育与生产劳动相结合的方针。
>
> ——《邓小平文选》

箴言释义

教育与生产劳动相结合，既造就了全面发展的人，也促进了现代社会生产的发展。"因为在按照不同的年龄阶段严格调节劳动时间并采取其他保护儿童的预防措施的条件下，生产劳动和教育的早期结合是改造现代社会的最强有力的手段之一"。

教育同生产劳动相结合是我党历来坚持的教育方针，但从现实来看，由于家庭观念的误区、学校劳动教育的缺乏和社会环境的影响，劳动教育还存在着被弱化、被软化、被淡化的现象。2020年3月，《中共中央 国务院关于全面加强新时代大中小学劳动教育的意见》中要求，构建德智体美劳全面培养的教育体系，探索具有中国特色的劳动教育模式。《意见》旨在引导学生注意手脑并用，树立正确的劳动观，倡导崇尚劳动、尊重劳动、热爱劳动、善于劳动的精神。因此，《意见》的出台对切实解决学校劳动教育虚化和弱化问题具有重要意义。

CHAPTER 2
第二章

劳动精神篇

弘扬优秀劳动文化

引导学生树立正确的劳动观,崇尚劳动、尊重劳动,增强对劳动人民的感情,报效国家,奉献社会。

——《中共中央 国务院关于全面加强新时代大中小学劳动教育的意见》

在远古时代,先民们就已经形成了热爱劳动、崇尚劳动的光荣传统。前有大禹治水、神农尝百草的劳动故事广为流传,后有《悯农》《观刈麦》等一首首脍炙人口的诗句,都深刻反映了我国劳动人民对劳动的尊重和认同。本章以传统劳动文化为线索,精选了古诗和格言,并延伸了蕴含在古代劳动文化中的精神内涵,以期为新时代劳动教育提供精神指引。

击壤歌

（先秦）

日出而作，日入而息。
凿井而饮，耕田而食。
帝力于我何有哉！

箴言释义

《击壤歌》是一首远古先民咏赞美好生活的歌谣。这首歌谣大约流传于4000多年前的原始社会时期。传说在尧帝的时代，"天下太和，百姓无事"，老百姓过着安定舒适的日子。

太阳出来就去耕作，太阳下山就回家休息。凿井取水便可以解渴，在田里劳作就可以过上自在生活，这样的日子谁还羡慕帝王的权力。

这是一首简单质朴的民谣，没有任何渲染和雕饰，吟唱出了悠闲自得的田园风情诗。整首歌谣极为质朴，仿佛健硕有力的农人农耕的情景映入眼帘。人们每天伴随太阳休息或劳作，自己凿井，自己耕种，靠自己辛勤的劳动过着自给自足、无忧无虑的生活。人们在劳作中享受生活的安闲自乐，吟唱出怡然自得的歌声，在丰收的成果中得到收获的满足感；人们自食其力的生活写照，表现了劳动人民勤劳耕种、不怕流汗的宝贵精神。

国风·豳风·七月
（先秦）

七月流火，九月授衣。
一之日觱发，二之日栗烈。
无衣无褐，何以卒岁。
三之日于耜，四之日举趾。
同我妇子，馌彼南亩，田畯至喜。

箴言释义

《国风·豳风·七月》是中国古代第一部诗歌总集《诗经》中的一首诗。此诗反映了周代早期农业生产情况和农民日常生活的情景，不仅有重要的历史价值，同时也是一首杰出的叙事兼抒情的名诗。

七月大火向西落，天气转凉，九月妇女缝制寒衣准备御冬。十一月北风呼呼地吹，树枝沙沙作响，十二月寒风凛冽，是一年中最冷的时候。家里没有好的衣服、没有粗衣，怎么度过这年底？好不容易熬过寒冬，正月到了便开始修理农具，二月到田地里开始耕种。壮夫们在田地里干着农活，妻子带着孩子把饭送到向阳的土地上去。

这是一首极古老的农事诗，它展现了一幅古代豳地先民农业生产生活的盛世景象。此诗展现了农人认真而顽强的生存思想和意识，尤其突出为了家庭的生存农人共同劳作的朴素之美和生活气息。古代民以食为天，故农人不惜汗水劳作；民以衣暖为安，故妇女辛勤裁制衣裳。随着时节变化，农人在田地里祈求祥和，不同角色的人们开始不同的劳动，虽有辛苦和劳累，但好的收成使农人欢乐。全诗以叙事抒情，寓景于情，充分渲染了当时社会整体农忙劳作的生活气氛。人们满足于当时生存发展的基本能力，男人们劳动的场面与妇女们缝补的情景相契合，构成一幅男耕女织的风俗画。

新晴野望

（唐）王维

新晴原野旷，极目无氛垢。
郭门临渡头，村树连溪口。
白水明田外，碧峰出山后。
农月无闲人，倾家事南亩。

箴言释义

王维（701—761），字摩诘，世称"王右丞"，因笃信佛教，有"诗佛"之称，是唐代著名的诗人、画家。《新晴野望》作于 740 年之后，作者当时已过四十，过着亦官亦隐的生活，创作栖心于初夏雨后眺望原野所见到的田园风光。

雨后初晴，放眼向田野眺望，周围是一片秀丽的景色，极目远望不见半点雾气尘埃。外城的门楼紧靠着摆渡的码头，村庄边的绿树连接着溪流的入河口。田埂外流水在阳光下闪闪发光，苍翠的山峰突兀出现在山脊背后。农忙季节没有悠闲的人，农人们都是全家出动在田亩间忙碌地干活。

这是一首田园风光诗，作者写出了农民抓住雨过天晴的有利时机突击耕种的情形，表达了诗人热爱自然、眷恋田园的情怀。全诗紧扣农村初夏雨后的特点，集新晴景象与农民劳作情景为一体，构成一幅农人在优美的景色中劳动、充满生活气息的画卷。动静结合，寄托作者对大自然的向往和对劳动人民生活情景的热爱。

悯农二首（其一）

（唐）李绅

锄禾日当午，汗滴禾下土。
谁知盘中餐，粒粒皆辛苦。

箴言释义

李绅（772—846），字公垂，唐代诗人。早期创作的千古传诵的《悯农》二首是李绅的经典代表作，收录于《全唐诗》中。

在烈日当空的正午，农夫依旧在田地里劳作，滴滴汗珠掉在生长禾苗的土中。又有谁知道我们碗中的米饭，粒粒包含着农民的辛勤付出和汗水。

这首诗流传极广，妇孺皆知。勤奋的劳动可以解决温饱，可以使家国富有，辛苦的付出可以创造美好生活。"盘中餐"我们天天必见、顿顿必食，每一颗米粒都是农民在烈日下面朝黄土、背朝天辛苦劳作得来的，人们应该尊重劳动者，珍惜粮食，体恤农人的劳动成果。在家庭教育中，要从小培养孩子以勤劳为荣，懂得农人劳作的艰辛和果实的来之不易，在成长发展的过程中学会简朴生活，塑造热爱劳动、崇尚劳动的良好形象。我们每个人也都要秉持爱劳动、守勤俭的初心，让家国梦想在智慧的双手中持续闪耀。

畲田调（其一）

（宋）王禹偁

大家齐力斸孱颜，耳听田歌手莫闲。
各愿种成千百索，豆萁禾穗满青山。

箴言释义

王禹偁（954—1001），字元之，宋代诗人。他的作品语言平易流畅，对宋代散文风貌的形成产生积极影响。

高山丛莽中砍伐树木，排山奋进，随着山风吹来的猎猎鼓声和亢亮的田歌，劳动者们互相勉励，齐心协力地劳作。但愿庄稼满地，豆茎、稻谷都种满青山。

这首诗吸取当地民歌的格调，通俗清新，悠扬生动，作者以劳动者的角度而作，更真实亲切地表达了农人热情劳动、满怀愿望的心声。大家劲儿往一处使，烧荒垦种，尽显农人相助力耕、劳动协作的精神。伴着嘹亮的田歌在田间共同劳作，作者把农人自给自足、互帮互助的场景描写得极为活泼形象。人们要心怀希冀，焕发劳动热情，在劳动过程中感受相互协作的力量，不断提高个人生活质量和社会发展水平。

四时田园杂兴·其三十一

（宋）范成大

昼出耘田夜绩麻，村庄儿女各当家。
童孙未解供耕织，也傍桑阴学种瓜。

箴言释义

范成大（1126—1193），字至能，早年自号"此山居士"，晚号"石湖居士"。南宋名臣、文学家。他从江西派入手，后学习中、晚唐诗，继承白居易、王建、张籍等诗人新乐府的现实主义精神，自成一家。风格平易浅显、清新妩媚。诗题材广泛，以反映农村社会生活内容的作品成就最高。

白天的时候去田里除草，到了夜晚在家中搓麻线，村中男男女女各有各的家务劳动。小孩虽然不会耕田织布，也在那桑树荫下学着种瓜。

这是一首带有泥土和血汗气息的诗歌，作者心实、景色真实、风格平实、意境现实地烘托出农家多姿多彩的和谐生活。作者将人的自然美和乡村的质朴美融为一体，描写了夏天农人的辛勤劳动与孩童欢快劳动的情景。男人们下田除草，妇女们搓麻织布，男耕女织的画面相互交织，热情赞颂农人忙碌的劳作生活。孩童被大人们的劳动所感染，不会耕不会织也不闲着，在学习劳动、爱劳动的过程中体会童年生活的乐趣。在家庭劳动教育中，"要教育孩子们从小热爱劳动、热爱创造，通过劳动和创造播种希望、收获果实，也通过劳动和创造磨炼意志、提高自己"。孩子从小就对大人的劳动行为萌生兴趣与好奇，激发积极实践的可能性，引导他们完成力所能及的事情，完善自身成长过程。

插秧歌

（宋）杨万里

田夫抛秧田妇接，小儿拔秧大儿插。
笠是兜鍪蓑是甲，雨从头上湿到胛。
唤渠朝餐歇半霎，低头折腰只不答。
秧根未牢莳未匝，照管鹅儿与雏鸭。

箴言释义

杨万里（1127—1206），字廷秀，号诚斋，南宋文学家。他的诗歌大多描写自然景物，且以此见长，创造了语言浅近明白、清新自然且富有幽默情趣的"诚斋体"。他也有不少反映民间劳作、抒发爱国情感的作品。

种田的农夫将秧苗抛在半空中，农妇一把接住，小儿子把秧苗拔起来，大儿子再把秧苗插入水中。斗笠是头盔，蓑衣是盔甲，但似乎没有什么用，雨水依然从头流入脖颈沾湿肩膀。农人们被呼唤吃个早餐歇息一会儿，只见他们弯腰低头插秧，没有人作答。秧苗还未栽稳，稻田还没插完，农夫就嘱咐农妇照看好小鹅小鸭，不要让它们来破坏秧苗。

这首诗生动形象描写了农忙时节插秧劳作的情景。"抛""接"

"拔""插"四个动词传神直白，诗人用极其通俗的语言描述了一家老少插秧忙碌的场景。以"斗笠"比作头盔、以"蓑衣"比作铠甲，生动活泼地暗示了冒雨插秧如一场紧张的战斗；雨水从头淋到肩膀，暗示雨的来势凶猛，在如此恶劣的环境下农人不畏千辛万苦在田地里劳作，体现了农人吃苦耐劳、坚忍不拔的劳动精神。农夫低头劳作，秧未稳、稻未完，就嘱咐妻子照看好鸭鹅。诗人用质朴纯真的言语勾勒出一幅农家总动员，雨中抢插秧苗的劳动图画。

清平乐·村居
（宋）辛弃疾

茅檐低小，溪上青青草。醉里吴音相媚好，白发谁家翁媪？

大儿锄豆溪东，中儿正织鸡笼。最喜小儿无赖，溪头卧剥莲蓬。

箴言释义

辛弃疾（1140—1207），原字坦夫，后改字幼安，中年后别号"稼轩居士"，南宋官员、将领，豪放派词人，有"词中之龙"之称。

草屋的茅檐又低又小，溪边长满了翠绿的小草。含有醉意的吴地方音，听起来温柔又美好，那满头白发的是谁家的公婆父老？大儿子在小溪东边的豆田除草，二儿子正在家里编织鸡笼。最喜欢的顽皮的小儿子，他正横卧在溪头草丛，剥着刚摘下的莲蓬。

作者用茅檐、小溪、青草构成一幅清净幽和的画面，描述农村老人安享晚年和三个孩子的劳动情景。大儿子、二儿子、小儿子都有各自的事情做，使孩子有责任心、培养孩子劳动的技能、滋养孩子劳动的快乐是孩子生活成长的源泉。

> 克勤于邦，克俭于家。
>
> ——《尚书·大禹谟》

箴言释义

《尚书》，又称《书经》，是一部追述古代事迹著作的汇编，列为儒家五经之一。《大禹谟》出自《尚书》，记叙了大禹、伯益和舜谋划政事的远古史料。本篇首段记叙了大禹、伯益和舜谋划政事，所以叫《大禹谟》。

能够辛勤地为国家效力，在家庭生活上保持节俭。

勤劳与节约是我国传统美德的体现。劳动是平凡而光荣的，节约是伟大而高尚的，我们生活中每件小事的成功都离不开辛勤的劳动。人们在国家事业上辛勤劳动，在家庭生活上要注重节俭。习近平总书记说过"治大国如烹小鲜"，一个国家的发展和一个家庭的生活是休戚相关的，对于我们来说，辛勤劳动从自我做起，勤劳节俭从生活中的点滴做起。

勤劳节俭对个人、家庭、社会的重要性不言而喻。作为中华民族的传统美德之一，勤劳节俭不仅是社会主义核心价值观的一项重要内容，也是建设节约型社会的基本要求。在物质丰富的今天，家庭教育更要注重教育孩子传统美德的传承，避免新时代青少年不珍惜劳动成果、不想劳动、不会劳动的现象发生。加强劳动教育，建构和谐的家风，让青少年在良好的家风中爱劳动、会劳动、懂劳动，在劳动中收获成果。当前，我们应该树立正确的劳动观、节约观，每个人都应勤劳节俭、艰苦奋斗，这是中华民族的优良传统，也是中华民族的宝贵精神财富。

> 民生在勤，勤则不匮。
>
> ——《左传·宣公十二年》

箴言释义

《左传》，原名《左氏春秋》，汉代改称《春秋左氏传》，相传是左丘明所著。《左传》是中国古代第一部较为完备的编年体史书，更是先秦散文著作的代表，它标志着我国叙事散文的成熟，是儒家重要经典之一。

老百姓的生计在于辛勤劳作，只有勤于劳作，财物才不会匮乏。

在古代，只要老百姓勤恳劳动，社会安定，百姓和国家都会随之富足起来。我们现在仍应保持以勤为本的美德，强化我们自强、自信、自立的意识，不忘初心地在自己的工作岗位上辛勤劳动；在勤奋劳动的基础上更要珍惜劳动成果，做有创造性的劳动，只有这样国家才会更加繁荣富强，人民生活才会更加安定富裕。

当今，青少年要坚定信念，磨炼坚强的意志，用劳动创造自己的精彩人生；青少年要保持自信自强的态度，勇于攻坚克难、追求卓越，坚持创新创造，拥有推陈出新的魄力和勇气，用足干劲、闯劲、钻劲，赢得未来。

历览前贤国与家,成由勤俭破由奢。

——《咏史》

箴言释义

《咏史》是晚唐著名诗人李商隐创作的一首七言律诗。这首诗通过回顾以往朝代,总结了政权成败的原因。

纵观历史,勤俭使一个国家兴盛,奢侈则使一个国家衰败。

李商隐的咏史诗不仅咏古况今,充分反映了他进步的历史观,而且借古讽今,含蓄地表达了他的现实主义倾向。诗人根据历史兴亡的史实,回顾以往朝代,勤俭能使国家昌盛,而奢侈腐败会使国家灭亡,道出了一切政权成败的关键。勤劳节约是一个国家的良好品质,自古就有"谁知盘中餐,粒粒皆辛苦"的苦谏,勤俭是生活和持家的基本素养,也是整个社会的道德操守。

家是最小国,国是千万家。倡导勤俭节约、远离奢侈,才能家兴国旺、国富家安。"成"与"败"都由自身决定,"成"是由劳动和节俭铸就的,"败"是由奢侈浪费逐步积累的,因此,只有靠自己勤劳的双手,不懈地努力奋斗,才能使国与家同富强、共荣耀。

> 忧劳可以兴国，逸豫可以亡身。
>
> ——《新五代史·伶官传序》

箴言释义

《新五代史·伶官传序》是北宋政治家、文学家欧阳修所著，以政论、史论为主，以古鉴今，针砭时弊，文风平易自然，反对浮艳华靡。

忧患和勤劳可以使国家兴盛发达，贪图安逸享乐会导致国家灭亡。

这句格言是宋代大文学家欧阳修对唐庄宗李存勖得天下而又失天下原因的总结。唐庄宗征战军事能力超群，通过数十载的艰苦征战得以使国家稳定繁荣，是这种担忧操劳的品质造就了他的成功；然而，片刻的安定使他忘记了昔日征战的艰辛奋斗，不知节俭且荒淫奢侈，这是他失去国家的原因。

在一个人的发展过程中，要始终坚持以勤恳劳动为荣，不贪图安逸，要始终不忘初心，立足自身岗位，做出优异的成绩，实现自己的理想和人生价值；同时应时刻保持"先天下之忧而忧，后天下之乐而乐"的品质。只有时刻警醒、勇挑重担，用心踏实治理国家，才能使国家和民族安定和谐，繁荣富强。

> 由俭入奢易,由奢入俭难。
>
> ——《训俭示康》

箴言释义

《训俭示康》是北宋政治家、史学家司马光写给其子司马康,教导他应该崇尚节俭的一篇家训。

从节俭变得奢侈容易,从奢侈转回节俭很困难。

我们从小就知道司马光七岁砸缸的故事。司马光一生的磊落和廉洁在历史上赢得了声望。他一生践履"修齐治平",深知"俭能立名成业,侈必堕落自败"的道理。司马光的父亲司马池就为官清廉,勤政爱民,忧劳忧国,并教育孩子诚实,生活朴素。他家一贯粗茶淡饭,绝不奢华、骄纵。

这则格言强调要自觉保持俭朴,防止奢靡、浪费,含有自勉、警世之意。当人们从节衣缩食变得不愁吃穿的时候,是很容易的;而从丰衣足食变得节衣缩食的时候,恐怕就难了。人们都想过上富足的生活,这本无可厚非,但是过度奢华是不可取的,而且这种追求是永无止境的。我们每个人都要养成勤俭节约的习惯,在节俭朴素中辛勤劳动,担当勤俭建国、艰苦奋斗的重任。只有这样,家庭才会富足,国家才能昌盛。

> 一年之计在于春，一日之计在于晨。一家之计在于和，一生之计在于勤。
>
> ——《增广贤文》

箴言释义

《增广贤文》，又名《昔时贤文》《古今贤文》，是明代时期编写的儿童启蒙书目。书名最早见之于明万历年间的戏曲《牡丹亭》，据此可推知此书最迟写成于万历年间。《增广贤文》集结中国从古到今的各种格言、谚语。后来，经过明、清两代文人的不断增补，称其《增广昔时贤文》，通称《增广贤文》。作者一直未见任何书载。

一年的计划在于春天的决定，一天的计划在于早晨的决定。一个家庭得以维持长久的关键是和睦，一生的计划决定于勤劳。

这则格言的每句话都点名一个主旨，告诉我们，人一生中的每年每日都十分重要，我们要珍惜每寸光阴，凡事赶在时间的前头，早做计划、早做打算，这对人一生的发展都起到关键性作用。家是人一生的港湾，维持家庭的和睦，团结家庭中的每位成员，才能家兴人旺；想要有所成就就必须要勤劳，"勤以立身""持勤补拙""不勤不获""勤能制胜"等成语都说明勤劳可以改变自己的人生。

人这一生中要学习、要成长，如果我们连一个早晨都不能好好利用,又怎么能合理规划利用一年、一生的时间呢?春天是一年的开头,这是我国劳动人民在千百年的生产实践中总结出来的经验,它强调了春天在四季中所占的重要位置。春天是播种的季节,代表着希望与青春,人这一生最好的年华是青春,珍惜时间和青春,对整个人生的发展与成长都弥足珍贵。家庭是社会的细胞,只有家庭和睦,社会才能和谐。而家庭的和谐来源于良好的家风,一个家庭成员生活得幸福与否,与家庭成员的素质紧密相关。人的一生只有善于规划、勤勉劳动才能有所收获,保持勤奋刻苦的好习惯,做一名辛勤的劳动者,为自己的幸福生活而奋斗,"耕耘"一生,光彩一生。

> 富贵本无根,尽从勤里得。
>
> ——《醒世恒言 卷三十五》

箴言释义

《醒世恒言》是明代文学家、思想家、戏曲家冯梦龙纂辑的白话短篇小说集。小说形象鲜明,结构充实完整,描写细腻,从不同角度反映了当时的社会面貌和市民的思想感情。

富贵并不是属于固定的某些人,都是要从勤俭中才能得到。

这句话告诉我们,所有的荣华富贵都是在艰苦劳动的创造中得来的。人人生来平等,虽然人的出身是无法选择的,但人人都可以通过后天的勤奋努力改变命运,把自己变成有用之人。

"人世间的美好梦想,只有通过诚实劳动才能实现;发展中的各种难题,只有通过诚实劳动才能破解;生命里的一切辉煌,只有通过诚实劳动才能铸就"。生命因劳动而美丽,美丽因勤劳而精彩。人们要热爱劳动,积极参加劳动,用自己的双手丰富生活;同时人们要有正确对待生活的态度,要节制自己的欲望,约束自己的行为,节约生活,节约财用。人生在世,每个人都有自己的理想,付出劳动才会有所收获,懂得勤俭才能维持富贵。不在拥有的时候奢靡享乐,不在一无所有的时候气馁无力。

> 一粥一饭，当思来之不易；半丝半缕，恒念物力维艰。
>
> ——《朱子家训》

箴言释义

《朱子家训》又名《治家格言》，是明末清初著名的理学家、教育家朱用纯所著，以儒家"修身""齐家"的核心思想为宗旨，广采儒家为人处世的经验、方法，总结做人治家、教育后代的经验。

对于一碗粥、一顿饭，我们应当想到它来得不容易；即使是衣服上的半根丝、半条线，也要想到这些物资的产生是很艰难的。

这则格言教导我们，节俭是中华民族的传统美德，我们应该尊重劳动和从事劳动的人。不尊重劳动者、浪费粮食的行为与中国的传统美德背道而驰。我们吃的每一粒粮食都是农民"面朝黄土背朝天"用辛勤的汗水耕种出来的，穿的衣服是经过多道程序纺织制造出来的，孩子要从小养成勤俭节约的美德，学会穿衣吃饭、洗衣拖地、做力所能及的事情，不铺张浪费，明理劳动之艰辛；要牢固树立劳动最光荣、劳动最崇高、劳动最伟大、劳动最美丽的观念，尊重劳动者，尊重一切物质生产的来之不易。

> 百尺竿头立不难，一勤天下无难事。
>
> ——《解人颐·勤懒歌》

箴言释义

《解人颐》是清代钱德苍的代表作品，此书共计八卷二十四集，里面收录的都是箴言、格言、诗词、歌赋，也有少量的趣谈、谜语、笑话等，内容以治国齐家、修身养性以及陶冶情操为主。

只要勤奋，天下就没有难做的事情，即使百尺竿头也能昂首挺立。

这首歌谣是古代劝勤戒懒歌，只要勤奋做事，世上就没有难做的事情，它极力鼓舞人们要辛勤劳动、勤劳奋进，弘扬中华民族勤劳致富的优良传统美德。讲"勤"就要讲"劳动"，劳动是勤奋的载体，从古至今，人们用辛勤的汗水和无穷的智慧创造了辉煌的历史与文化，人们在坎坷道路上一路奋进、砥砺前行，创造了无数人间奇迹。从"钻燧取火"到火星钻探，从"栖息洞穴"到高楼大厦，从"印刷术"到激光照排技术，从"刀耕火种"到联合收割机，充分体现了劳动人民的辛勤和智慧，体现了劳动者的光荣和创造者的伟大。

人勤则家兴，民勤则国富。勤劳与坚持是我们人生发展中的伴侣。对于我们每个人来说,在生活中面对挫折时,要有坚持不懈的毅力、要有勤劳能干的双手、要有不屈不挠的意志,才能改变自己的命运,提高自身生活水平。生活中播种勤劳的种子,就会收获成功的果实。"人民创造历史,劳动开创未来。劳动是推动人类社会进步的根本力量"。一个国家的命运掌握在人民手中,人民唯有通过辛勤劳动、诚实劳动、创造性劳动,才能为民族的发展注入恒久的动力,才能建成富强民主文明和谐美丽的社会主义现代化强国,才能为实现中华民族伟大复兴的中国梦凝聚精神力量。

CHAPTER 3
■ 第三章

劳模精神篇

践行崇高劳模初心

全社会都应该尊敬劳动模范、弘扬劳模精神,让诚实劳动、勤勉工作蔚然成风。

——2018年4月30日,习近平给中国劳动关系学院劳模本科班学员的回信劳动模范是辛勤劳动、诚实劳动、创造性劳动的践行者，在实现中华民族伟大复兴的中国梦的历史征程中创造辉煌、彪炳史册。他们身上彰显的爱岗敬业、争创一流、艰苦奋斗、勇于创新、淡泊名利、甘于奉献的劳模精神在我国社会主义事业发展建设中发挥了重要作用。本章以时间为轴，选取了不同时期、不同岗位的全国劳动模范，讲述他们在平凡岗位上创造不平凡的先进事迹，激励我们以劳动模范为榜样，诚实劳动、勤勉工作，共同谱写新时代劳动者之歌。

> 为了抗战与人民的需要增加生产，在工作中发挥最高的劳动热忱心甘情愿。
>
> ——赵占魁

延伸阅读

赵占魁（1896—1973），山西定襄人。原陕甘宁边区农具厂工人，被毛泽东称为"中国式的斯达汉诺夫"，并题词"钢铁英雄"，1950年被评为"全国劳动模范"。

1939年，日本帝国主义对陕甘宁边区和各抗日根据地实行经济封锁，妄图打压解放区的一切抗日民主力量。为了减轻抗日根据地人民的负担，党和政府在陕甘宁边区建立了一些工厂。工厂的设备很简陋，加上敌人的造谣破坏，工人工作的积极性受到影响。这给工厂增加生产、提高质量带来了很大阻力。而赵占魁作为一名火炉工，不畏工作环境的艰难困苦，依旧拥有炉火般的劳动热情。化铁是一项既艰苦又重要的工作，整个过程不能间断。特别是在夏天，头顶着炙热的太阳，站在2000多摄氏度的熔炉旁，汗水不停地往下滴。别人是一边吃饭一边看炉，赵占魁却连饭也顾不得吃，一干就是12小时以上，一天下来，衣服被汗湿透结成厚厚的白碱。他从不叫苦叫累，每天都早上班、晚下班，努力钻研技术，改进工艺，提高产品数量和质量,并时时注意节约原材料,常把节约的钱交给合作社兴办集体事业,或借给附近农民发展农业生产,很受职工群众爱戴。朱德称赞他是"用革命者态度对待工作的新式劳动者"。

> 站在排头不让,把住红旗不放。
>
> ——马万水

延伸阅读

马万水(1922—1961),河北深州人。曾任河北龙烟铁矿"马万水小组"组长、东采矿部副主任、龙烟钢铁公司井巷工程公司副经理,1950年被评为"全国劳动模范"。

新中国成立之初,在北京门头沟背煤的马万水被抽调到我国第一批恢复生产的大型铁矿——庞家堡矿工作。当时的庞家堡矿巷道倒塌,野草遍地,满目疮痍,别说机器设备,就连一件像样的工具都没有。马万水带领掘进五组(马万水小组的前身)的18名工人毅然接受了开凿第一条巷道30号石巷的使命。他们在废墟中找来了几根生锈的钢钎和锤头,砍了几根树干当锤把,开始了生产。马万水以自己练就的一气打450锤不换手的本领,亲自给工友们传技。由于没有通风设备,放炮后巷道里的炮烟久久不能排完,为争取时间多进几米,马万水带领大伙儿脱下衣服一块儿往外扇炮烟。随着巷道的延伸,他们又遇上了淋头水,淅淅沥沥的水,淋透了工友们的棉衣,浸透了工友们的鞋袜。马万水看着很心疼,跑到伙房借来三条麻袋当"雨衣",又从山上拔了一捆蒿草,让大伙儿垫在鞋里,便有了"胶鞋",他自己却什么也不顾,穿着湿透的棉衣,在淋头水最大的地方干活。在这样艰难的条件下,当时年仅26岁的马万水在进组一个月后,就带领全组工人将掘进效率由1.7米提高到了6米。1950年,马万水和他的工友们第一次创造了手工凿岩掘进23.7米的全国纪录,他被评为第一批"全国劳动模范",得到毛泽东等党和国家领导人的亲切接见。凭借着"站在排头不让,把住红旗不放"的精神,马万水带领他的小组艰苦创业,奋发进取,连续12次登上全国冶金矿山掘进高峰。特别是在国民经济最困难的1960年,他们忍着饥饿,勒紧腰带,一年内连续三次创造了全国黑色冶金矿山掘进的新纪录。

> 我是人民的一员,一个替人治病的普普通通的医生。
>
> ——林巧稚

延伸阅读

林巧稚(1901—1983),福建厦门人。北京协和医院第一位中国籍妇产科主任和首届中国科学院唯一的女学部委员(院士),是中国妇产科学的主要开拓者、奠基人之一,被尊称为"万婴之母",1956年、1960年、1978年先后三次被评为"全国劳动模范"。

1929年6月,林巧稚从协和医学院毕业,被分到了妇产科。有一次,她忙完一天的工作已是深夜,正打算回宿舍休息,突然看到走廊里的灯箱亮了,打出了"067"的号码,这是她的灯号。原来急诊室接收了一位产科急症患者,病人已转送产科,须立即救治。林巧稚赶到病房时,病人已处于半昏迷状态。她从病人丈夫断断续续的述说中了解了病情,并迅速为患者做了检查,一切症状均表明患者为输卵管或卵巢妊娠,也就是通常所说的宫外孕。随着胎儿的发育生长,宫外孕的部位一旦破裂,就会导致大出血,随时可能危及生命。林巧稚没有片刻犹豫,她一边立刻准备手术,一边拨打电话。可是,当时再也找不到其他医生了,她心揪得一阵比一阵紧。一个女人生命垂危，自己眼下能做的就是全力去抢救。于是，她一边消毒，一边想着手术的步骤，她想到了手术中可能出现的各种情况，甚至想到了手术后可能出现的并发症，可她唯独没有想到，万一手术不成功，自己将会承担怎样的责任。她走上了手术台，平时学习的妇产专业知识和扎实的临床功底使她没有丝毫犹豫和畏惧，手术进行得有条不紊。血压回升，体温回升，脉搏逐渐恢复正常，生命体征又重新回到濒临死亡的年轻女人身上。这时，天已近黎明。在以后的岁月里，每到危急时刻，林巧稚仍像她第一次自己主刀时一样，多次挺身而出。

林巧稚在胎儿宫内呼吸、女性盆腔疾病、妇科肿瘤、新生儿溶血症等方面的研究贡献突出。她对所有患者一视同仁，交不起钱的病人，她就免费治疗。她有一个出诊包，包里总放着钱，以便随时接济贫困百姓。老百姓为了感谢她的救命之恩，为由她接生的孩子起名"念林""爱林""敬林""仰林"等，以示对她的尊敬。

> 做一个好的工程师,一定要先做人。正直,爱国,为人民做事。
>
> ——张光斗

延伸阅读

张光斗(1912—2013),江苏常熟人。中国著名水利水电工程专家和工程教育家,中国水利水电事业的主要开拓者之一,清华大学原副校长,中国科学院和中国工程院资深院士,1956年被评为"全国劳动模范"。

"我的国家在抗战,我不回去不心安!"1937年,"七七事变"爆发后,在美国留学的张光斗不顾朋友劝阻毅然中断学业回国。1938年,张光斗开始负责桃花溪水电站的设计工作。当时国家经济基本瘫痪,修建水电站的物资奇缺。买不到现成的工程材料,他就亲自跑到重庆找工厂制造;国内买不到大功率水轮发动机,他就想方设法从国外进口。1939年,刚刚建成的桃花溪水电站发生了高压水管破裂的工程事故,水流直泻而下冲毁了厂房。向来做事严谨踏实的张光斗无法原谅自己,他认真查找事故原因,做出深刻检讨,吸取经验教训。他始终认为,"水利工程师对国家和人民负有重大的责任,即使是工程细节上1%的缺陷,都可能带来100%的失败,而这种失败导致的结果就是巨大的灾难"。

20世纪50年代,在我国规模空前的水利建设中,张光斗在水利工程方面杰出的专业特长得到了充分施展。他被聘任为新中国建设的第一座大型水库——官厅水库工程顾问,参与了水库枢纽规划,以及土坝、溢洪道、泄洪洞的设计工作。1951年,张光斗首次大胆尝试,破堤取水,将黄河水引入两岸的稻田,为下游的引黄灌溉开辟了新路。他还先后指导参与了当时全国各地的水电工程建设,足迹遍布大江南北。

> 宁可少活二十年，拼命也要拿下大油田。
>
> ——王进喜

延伸阅读

王进喜（1923—1970），甘肃玉门人。新中国第一批石油钻探工人，被誉为油田铁人，1959年被评为"全国劳动模范"。

1960年春，我国石油战线传来喜讯——发现大庆油田，一场规模空前的石油大会战随即在大庆展开。王进喜从西北的玉门油田率领1205钻井队赶来，加入了这场石油大会战。钻机到了，吊车不够用，几十吨的设备怎么从车上卸下来？他们用滚杠加撬杠，靠双手和肩膀，奋战三天三夜，最终38米高、22吨重的井架迎着寒风矗立荒原。这就是会战史上著名的"人拉肩扛运钻机"。要开钻了，可水管还没有接通。王进喜振臂一呼，带领工人到附近水泡子里破冰取水，硬是用脸盆、水桶，一盆盆、一桶桶地往井场端了50吨水。经过艰苦奋战，仅用五天零四个小时就钻完了大庆油田的第一口生产井。在重重困难面前，王进喜带领全队以"宁可少活二十年，拼命也要拿下大油田"的顽强意志和冲天干劲，苦干五天五夜，打出了大庆第一口喷油井。在随后的十个月里，王进喜率领1205钻井队和1202钻井队，在极端困苦的情况下，克服重重困难，双双创造了年进尺10万米的奇迹。在那些日子里,王进喜身患重病也顾不上去医院,几百斤重的钻杆砸伤了他的腿,他拄着双拐继续指挥。一天,突然出现井喷,当时没有压井用的重晶粉,他当即决定用水泥代替。成袋的水泥倒入泥浆池却搅拌不开,他就甩掉拐杖,奋不顾身跳进齐腰深的泥浆池,用身体搅拌,井喷终于被制服,可是他却累得站不起来了。王进喜身上体现出来的"铁人精神",激励了一代代石油工人。铁人不仅是工人阶级的先锋战士、共产党人的楷模,更是为国家分忧解难、为民族争光争气、顶天立地的民族英雄。

> 宁愿一人脏,换来万家净。
>
> ——时传祥

延伸阅读

时传祥(1915—1975),山东德州人。北京市一名普通淘粪工人,1959年被评为"全国劳动模范"。

时传祥出生在一个贫苦农民家庭。他14岁逃荒流落到北京城郊宣武门一家私人粪场,受生活所迫当起了淘粪工。在旧中国,淘粪工不仅会受到社会的歧视,还会受到行业内部一些恶势力的压榨和盘剥。时传祥在这些粪霸手下一干就是20年,受尽了压迫与欺凌。刚解放的时候,一些人认为自己当家做主了,再也不用干低贱伺候人的淘粪工作了。时传祥却认为,再脏再累的活也得有人去干,能以一人脏,换来万家净,这是十分光荣的。有些年轻人不安心清洁工作,嫌淘粪丢人,总想转到工厂去。时传祥开导他们:"北京城如果一个月没有人去淘粪,粪便就会流得满大街都是。你也愿意上重工业,我也愿意上重工业,不行啊,总得有人清理粪便呀!"他把淘粪当成十分光荣的劳动,看作社会主义建设事业的一部分,以主人翁的姿态,以"搞好环境卫生,美化人民首都"为己任,肩背粪桶,走家串户,以身作则,以苦为乐,任劳任怨,满腔热情,全心全意为人民服务。

时传祥为了干好淘粪工作，动了不少脑筋，也付出了比常人更多的辛劳。老北京平房很多，老四合院里人口密度非常大，茅坑浅，粪便常常溢出来，气味非常难闻。遇到这种情况，他总是不声不响地找来砖头，把茅坑砌得高一些。这行是没有节假日的，哪里该淘粪，不用人来找，他总是主动去。不管坑外多脏，不管坑底多深，他都想方设法淘干扫净。茅坑里掉进了砖头瓦块，他就弯下腰去，用手一块块地捡出来。1959年，他被评为"全国劳动模范"，受到国家主席刘少奇和总理周恩来的亲切接见。

> 我是个劳动模范,离开劳动还叫啥劳模,刘庄穷,作为一个党员,要下决心把这个穷字抠掉换成富字。
>
> ——史来贺

延伸阅读

史来贺(1930—2003),河南新乡人。河南省新乡市刘庄村原党支部书记,带领全村人脱贫致富,1959年、1978年、1979年、1989年、1995年先后五次被评为"全国先进生产者""全国先进科技工作者""全国劳动模范"。

"方圆十里乡,最穷数刘庄。住的土草房,糠菜半年粮。逃荒把饭要,忍痛卖儿郎。"河南刘庄地处黄河故道,全村1800亩土地,被4条深3米的大沟分割成了750多块,而且土质沙化,高低不平,无雨则旱、有雨则涝。1952年,年仅21岁的史来贺担任党支部书记,接手了被贫困饥饿困扰的刘庄,挑起了带领全村人治穷致富的重担。从任村支书的那天起,他就立下誓言:"跟党走,拔掉穷根,让老百姓过上好日子!"从1953年开始,史来贺带领刘庄人车推、肩挑、人抬,起岗填沟,拉沙盖碱,用了整整20年,把刘庄周围750多块凹凸不平的"盐碱洼""蛤蟆窝"荒地改造成了现代化农业园区。他潜心研究棉花种植经验,使皮棉平均亩产量达到当时全国平均亩产量的3倍,刘庄也因此一跃成为全国的先进典型;他带领刘庄村民兴办畜牧场,由3头小奶牛起家,迅速发展成为拥有上千头牲畜的大畜牧场,成为刘庄发展商品经济的突破口;他兴办机械厂,生产的小喇叭响遍全国各地,小型奶粉机销往全国20多个省区市;他陆续建起了食品厂、造纸厂、淀粉厂等,既有效地解决了剩余劳动力问题,也为集体积累了越来越多的财富。在史来贺的带领下,原来那个穷山村在2003年前的企业固定资产已近10亿元,年上缴税金4500万元,户均存款20万元。家家户户都住上了整齐清洁、漂亮舒适的房子,每位村民都享受到了村里20多项集体福利,看病、上学、养老费用全部由集体承担。这翻天覆地的变化离不开"全国劳动模范"史来贺这个带头人。他一生始终坚守着"人不离刘庄,身不离劳动,心不离群众"的三原则,带领群众脱贫致富,是一面永不褪色的旗帜。

> 攀登科学高峰,就像登山运动员攀登珠穆朗玛峰一样,要克服无数艰难险阻。懦夫和懒汉是不可能享受到胜利的喜悦和幸福的。
>
> ——陈景润

延伸阅读

陈景润(1933—1996),福建福州人。中国著名数学家,中国科学院学部委员(院士),1978年被评为"全国劳动模范",2018年被授予"改革先锋称号"。

陈景润上初中的时候,最感兴趣的是数学课,一册课本,他只用两个星期就学完了。老师觉得这个学生不一般,就多给他讲,并进一步激发他的爱国热情,说:"一个国家,一个民族,要想强大,自然科学不发达是万万不行的,而数学又是自然科学的基础。"从此,陈景润就更加热爱数学了。一直到初中毕业,他都保持着数学成绩全优的纪录。在高中,他遇见使他终生难忘的沈元老师。沈老师曾任清华大学航空系主任,当时是陈景润的班主任兼数学、英语老师。有一次,沈老师出了一道有趣的古典数学题:"韩信点兵"。大家都闷头算起来,陈景润却很快小声回答:"53人。"全班被他算的速度之快惊呆了,沈老师问他是怎么得出来的?陈景润的脸羞红了,说不出话,最后用笔在黑板上写出了方法。沈老师高兴地说:"陈景润算得很好,只是不敢讲,我帮他讲吧!"沈老师讲完,又介绍了中国古代数学家的贡献,祖冲之对圆周率的研究成果早于西欧1000年;南宋秦九韶对"联合一次方程式"的解法,也比瑞士数学家欧拉的解法早500多年。沈老师接着鼓励说:"我们不能停步,希望你们将来能创造出更大的奇迹,比如有个'哥德巴赫猜想',是数论中至今未解的难题,人们把它比作皇冠上的明珠,你们要把它摘下来!"课后,沈老师问陈景润有什么想法,陈景润有点怀疑:"我能行吗?"沈老师说:"你既然能自己解出'韩信点兵',将来就能摘取那颗明珠。天下无难事,只怕有心人啊!"带着老师的鼓励和爱国热情,陈景润在非常艰苦的环境下,持之以恒、潜心钻研、勇于攻关,终于在1973年发表了"1+2"详细证明,被公认是对"哥德巴赫猜想"研究的重大贡献,是筛法理论的光辉顶点,国际数学界称之为"陈氏定理"。他的先进事迹和奋斗精神,激励着一代代青年发愤图强,勇攀科学高峰。

> 我就是这样的人,就是要挑战自己,能有更多的突破,永远不会停下前进的脚步。
>
> ——袁隆平

延伸阅读

袁隆平(1930—),江西德安人。中国杂交水稻育种专家,中国工程院院士,中国研究与发展杂交水稻的开创者,被誉为"世界杂交水稻之父",1978年被评为"全国劳动模范",2018年被授予"改革先锋称号"。

袁隆平年少的时候,曾经做过一个梦,他梦见自己能把稻子种得像高粱那么高,穗子像扫把儿那么长,颗粒像花生米那么大,他和几个助手就坐在稻穗下面乘凉……为了这个初心和梦想,袁隆平一生致力于研究杂交水稻。1961年7月的一天,和往常一样,袁隆平行走在稻田里。这时,一株鹤立鸡群的水稻引起了他的注意,当时估计这个品种可以亩产一千斤。他第二年把它播种下去,天天到田里观察,望品种成龙。结果一抽穗,大失所望,高的高、矮的矮、早的早、迟的迟,没有一株长得好。望着高矮不齐的稻株,袁隆平突然来了灵感:莫非自己找到的是一株天然杂交稻?如果真是如此,可以通过人工方法利用杂种优势,培养杂交水稻。于是他做了一个实验，最后验收时，稻谷产量减产了3%左右，稻草却增产了将近70%。有人讲风凉话，"可惜人不吃草啊，人要是吃草，你这个杂交稻就大有发展前途"。遭到质疑，更经历了失败，但袁隆平没有放弃。终于，在1973年第二次全国杂交水稻科研协作会上，袁隆平正式宣布籼型杂交水稻三系配套成功，标志着我国水稻杂交优势利用研究取得了重大突破。

50多年来，袁隆平始终在农业科研第一线辛勤耕耘、不懈探索，为人类运用科技手段战胜饥饿带来绿色希望和金色收获。他不仅为解决中国人民的温饱和保障国家粮食安全作出了贡献，更为世界和平与社会进步树立了丰碑。随着技术的日趋成熟，袁隆平对梦想的追求也从未停止；随着每公顷产量的不断提高，他离禾下乘凉梦越来越近，同时，他又做起了另一个梦：让杂交水稻覆盖全球。看着袁隆平院士自信乐观的神情，我们更加坚信，中国人会牢牢地把饭碗端在自己手里。

> 胸中有一团火,温暖顾客的心。
>
> ——张秉贵

延伸阅读

张秉贵(1918—1987),北京丰台人。北京百货大楼售货员,被尊称为"燕京第九景",1979年被评为"全国劳动模范"。

北京百货大楼前矗立着一位普通售货员的塑像,他就是张秉贵。

张秉贵在售货员岗位上工作了30多年,接待顾客数百万人,没有怠慢过任何一个人。他以"为人民服务"的热忱,在平凡的售货员岗位上练就了令人称奇的称糖"一抓准"、算账"一口清"的绝技和"一团火"的服务精神,他提出的"心有一团火、温暖顾客心",成为新中国商业战线上的一面旗帜。张秉贵一进柜台,就像战士进入阵地。普通售货员大都早晨精神饱满,服务态度较好;下午人疲倦了,不太爱说话,也懒得动弹,对顾客就容易冷漠。他却不然,从清晨开门接待第一位顾客到晚上送走最后一位顾客,自始至终都能春风满面,笑容可掬。当他到了退休年龄,体力明显不济时,一上柜台还是表现得生龙活虎。下班后,他却常常步履蹒跚。同事们说他是"上班三步并作一步走,下班一步变成三步迈"。看张秉贵工作,也成了许多人的一种享受。有一位拄着拐杖的老人,经常来欣赏他售货。这位老人对他说："我是因病休息的人，每天来看看您站柜台的精神劲儿、为人民服务的热情劲儿，我的病也仿佛好了许多。"一位音乐家看到他售货后说："你的动作优美，富有节奏感，如果配上音乐，是非常动人的旋律。"很多人慕名而来，以能从他手中买到糖果为荣；为了一睹他的售货艺术，热情的顾客曾经将玻璃柜台挤碎。在北京街上，张秉贵非常受人尊敬，他坐公共汽车时会有人让座；去洗澡时有人愿意主动给他搓背；病重住院期间，探望的人络绎不绝，有党和国家领导人，也有教授、专家，更多的是热爱他的顾客。一位看过他售货的国际友人曾经感慨地说："这种场面，在国外只有名声好的政治家和红得发紫的影视明星才能遇到，而中国的一名普通售货员能享此殊荣，真了不起！"

天下万物何所求？只求为人民服务到白头。

——杨怀远

延伸阅读

杨怀远（1937— ），安徽庐江人。中国远洋海运集团有限公司上海中远海运（原上海海运局）服务员，挑着一根为人民服务的小扁担，从青年、中年到老年，始终不计报酬，全心全意为人民服务，被誉为"小扁担精神"，1985年被评为"全国劳动模范"。

1960年，当了四年兵的杨怀远从部队转业到上海海运局工作，被安排在客轮上做生火工，由于曾在部队受过伤，不适应锅炉的高温，1962年他做起了客运服务员。这个伺候人的岗位尽干些婆婆妈妈的事情，而且他听不懂上海话，在工作中出了不少洋相，觉得很受气。和他一起转业到上海海运局的战友已有了自己理想的岗位，做了一名客船的乘警。他想：我也申请当个乘警吧！自己一米八的个头，在部队还是工程兵班长呢，难道还不如他们？直到1963年3月，中央发出向雷锋同志学习的号召后才一下子鼓舞了杨怀远。他是个喜欢学习和思考的人，把自己和雷锋作了对照，发现有四个相同点和一个不同点：他和雷锋是同龄人，出身苦，在新社会翻了身，都在部队当了工程兵，不同点就是雷锋在平凡的岗位上做出了不平凡的成绩，而自己做一名客运服务员还不安心呢，这是个人主义的患得患失思想。杨怀远下了一个决心：按雷锋的人生路子走，做一名雷锋式的客运服务员。

工作中，杨怀远发现旅客中带孩子的妇女和老人很多，下了轮船还要走3里多路才能出港口。于是，他决定挑扁担，帮助他们解决实际困难。这一挑，就是38年，从青年挑到中年再挑到老年，从20世纪60年代初挑到90年代末，一共挑断了40根扁担。杨怀远虽然没有上过学，但他深知，作为一名工人，只有掌握文化知识，才能更好地为人民服务。工作之余，他主动向旅客讨教，不仅学会了写字、写诗，还学会了手语和外语。他把"为人民服务"记在心中，小扁担上刻着60多位中外旅客的留言，这是对崇尚劳动、崇尚奉献、崇尚光荣的普通劳动者的最好赞美。

> 你不奉献，我不奉献，谁奉献？你也索取，我也索取，向谁索取？
>
> ——徐虎

延伸阅读

徐虎（1950— ），上海人。上海西部企业（集团）有限公司原物业总监，长期从事水电维修工作，他从点滴做起，十几年如一日，全心全意为居民服务，被人们亲切地称为"90年代的活雷锋"，1989年、1995年、2000年、2005年、2010年先后五次被评为"全国劳动模范"。

徐虎第一次去居民家修抽水马桶时，一进门就傻了眼：粪便、草纸、污水淌了一地，别说干活，就连立脚的地方都没有。看着居民着急的样子，想想这就是自己的本职工作，徐虎只能硬着头皮上。马桶修好了，居民感激万分，连忙端茶、敬烟，他感触颇深。他觉得自己只是干了分内之事，却得到居民如此感激，以后要更加努力研究房屋修理水电技术，更好地服务大家。碰到居民报修，他一喊就到，及时解决；碰到难做的活儿，他千方百计做到居民满意。每次修理完毕，徐虎都主动做好清洁工作；对居民的酬谢，他笑着谢绝；碰上挑剔的居民，他耐心说服。就这样，徐虎和居民们的关系从生疏变得熟悉、融洽,他从居民的欢笑声、赞扬声中,体验到了人生的欢乐、工作的价值。他认为,只要大家高兴,工作再苦再累,都是值得的。

1985年6月23日是个星期天,徐虎在三个不同的地点挂上了"夜间水电急修特约服务箱",上面写着"凡属本地段的公房住户,如有夜间水电急修,请写纸条投入箱内。本人热忱为您服务,每天开箱时间为晚上七点。中山房管所徐虎"。打那以后,在徐虎的心里就没有了星期日和节假日,只留下"为民服务"4个字。每天晚上7点,徐虎总是骑着"老坦克",带着工具包,走向三个报修点,然后按照报修的纸条,挨家挨户上门修理。10多年如一日,风雨无阻,甚至一连8个除夕都不能陪家人度过。10多年间,徐虎利用业余时间义务为居民修理2100余处故障,花费6300多小时,彰显了"辛苦我一人,方便千万家"的奋斗奉献精神,深受广大人民群众的信赖和喜爱。

> 什么叫做不简单？能够把简单的事情天天做好，就是不简单；什么叫做不容易？大家公认的、非常容易的事情，非常认真地做好它，就是不容易。
>
> ——张瑞敏

延伸阅读

张瑞敏（1949— ），山东莱州人。人单合一模式创立者，全球50大商业思想家之一，创建了全球白色家电第一品牌海尔，1989年被评为"全国劳动模范"，2018年被授予"改革先锋称号"。

1984年，张瑞敏临危受命，接任当时已经资不抵债、濒临倒闭的青岛电冰箱总厂厂长，开始了他的改革创新之路。1985年，刚开始复苏的冰箱厂接到一位用户的反映：工厂生产的电冰箱有质量问题。于是张瑞敏突击检查了仓库，发现仓库中有缺陷的冰箱还有76台！坚信优质产品能创造强大品牌的他无法接受这样的事实。在研究处理办法时，有些干部提出作为福利处理给本厂员工的意见，有些干部提出低价处理的意见。就在很多员工十分犹豫的时候，张瑞敏却做出了有悖常理的决定：开一个全体员工的现场会，把76台冰箱当众全部砸掉！而且，由生产这些冰箱的员工亲自来砸！听闻此言，许多老工人当场就流泪了……要知道，当时一台冰箱的价格是一名职工近两年的工资，企业连开工资都十分困难，怎么舍得毁东西啊！况且，在那个物资紧缺的年代，别说正品，就是次品也要凭票购买的。如此"糟践"，大家心疼啊！但张瑞敏明白，如果放行这些产品，就谈不上质量意识了。不能用任何姑息的做法来告诉大家可以生产这种带缺陷的冰箱，否则今天是 76 台，明天就可以是 760 台、7600 台……所以必须强制实行。结果，就是这一柄大锤，伴随着阵阵巨响，真正砸醒了海尔人的质量意识。从此，在家电行业，海尔人砸毁 76 台有缺陷冰箱的故事就传开了，至于那把著名的大锤，已经收入国家历史博物馆中。

> 老是把自己当珍珠，就时常有怕被埋没的痛苦。把自己当泥土吧！让众人把你踩成路。
>
> ——孔繁森

延伸阅读

孔繁森（1944—1994），山东聊城人。先后两次赴藏工作，将一腔热血甚至生命，奉献给了藏区人民，1995年被评为"全国先进工作者"，2018年被授予"改革先锋称号"。

1979年，时任中共聊城地委宣传部副部长的孔繁森第一次赴藏工作，担任日喀则地区岗巴县委副书记。在岗巴工作3年，孔繁森跑遍了全县的乡村、牧区，与藏族群众结下了深厚的友谊。当他奉命调回山东离开岗巴时，藏族同胞依依不舍地含泪为他送行……1988年，孔繁森第二次赴藏工作，担任拉萨市副市长，分管文教、卫生和民政工作。到任仅4个月，他就跑遍了全市8个县区所有的公办学校和一半以上的村办小学，为发展少数民族的教育事业奔波操劳；为结束尼木县续迈乡等3个乡群众易患大骨节病的历史，他多次爬到海拔近5000米的山顶水源处采集水样，帮群众解决饮水问题；在了解农牧区缺医少药的情况后，他每次下乡都特地带一个医疗箱，工作之余就给农牧民群众认真地听诊、把脉、打针。

1992年底,孔繁森第二次调藏工作期满,西藏自治区党委决定任命他为阿里地委书记。这一任命意味着孔繁森将继续留在西藏工作,面对又一次重大选择,他毫不犹豫地服从了党的决定。阿里地处西藏自治区的西北部,平均海拔4500米,被称为"世界屋脊的屋脊"。阿里的面积相当于两个山东省,而人口仅有六万人,地广人稀,气温长年零度以下,最低温度达零下40多摄氏度,每年7至8级大风占140天以上,恶劣的自然环境、艰苦的生活条件使许多人望而却步。为了寻找阿里的发展优势,带领群众脱贫致富,全地区106个乡,他跑了98个,行程8万多公里。在孔繁森的努力下,仅仅两年的时间,阿里全地区国民生产总值超过1.8亿元,比上年增长37.5%;国民收入超过1.1亿元,比上年增长6.7%。

　　1994年11月29日,孔繁森在完成任务返回阿里的途中,不幸发生车祸,以身殉职,时年50岁。在他的葬礼上,悬挂着一副挽联,道出了藏族人民对他的怀念:"一尘不染两袖清风,视名利安危淡似狮泉河水,二离桑梓独恋雪域,置民族团结重如冈底斯山。"

> 心正人才正，人正楼才正。
>
> ——范玉恕

延伸阅读

范玉恕（1952—　），河北沧州人。天津建工集团三建建筑工程有限公司项目经理、副总工程师，被誉为"群众信得过的建房人"，2000年被评为"全国劳动模范"。

作为建设行业的一名普通劳动者，范玉恕工作几十年来始终视质量如生命，处处履行"为人民建房，对人民负责"的承诺，把一块块砖瓦、一方方木石变成一幢幢精美的高楼大厦、一道道亮丽的城市风景。

为了兑现诺言，范玉恕始终坚持"四个一样"：大事和小事一个样，外露工程和隐蔽工程一个样，分内事和分外事一个样，有要求和没要求一个样。工程无论大小，为确保所有工序都能达到一次全优，他每天死盯现场，严把质量关。他几乎放弃了所有的公休日和节假日，把自己负责的几十个工地转了个遍。为了兑现诺言，范玉恕始终坚持严细管理。他担任北京奥运工程——奥体中心运动员公寓工程项目经理时，正值酷暑，地面温度高达50摄氏度。他一天也没离开过施工现场，做到制订施工方案一盯到底、关键部位一盯到底、工艺难关一盯到底、交叉作业一盯到底、质量验收一盯到底，带领员工从一张图纸、一根钢筋、一块砖、一车混凝土抓起，严严实实地把住了每一道质量关。为了兑现承诺，范玉恕坚决攻克技术难关。第43届世乒赛主赛场天津体育中心，是他施工生涯最难忘的一项工程。该工程由主馆、大小练习馆、运动员宾馆等组成，5万多平方米的建筑群要在一年零十个月内完成，工期紧、工艺复杂、质量标准要求高，是当时天津市的一号工程。工程建设中，有一个精度要求特别高的关键环节，要把固定屋面网架用的384颗螺栓准确地预埋在96根柱顶上，而且要使预埋螺栓和网架上的螺孔一一对应，误差稍大，直径108米、重800吨的大型屋面网架就难以吻合。为了攻克这道技术质量难关，他和伙伴们付出了极难想象的代价，精心进行了上万个点的测量，最后大型屋面网架分毫不差地架到了梁柱上，一次安装成功。

CHAPTER 4
第四章

工匠精神篇

致敬美丽匠人风范

　　大力宣传辛勤劳动、诚实劳动、创造性劳动的典型人物和事迹,弘扬劳动光荣、创造伟大的主旋律。

——《中共中央 国务院关于全面加强新时代大中小学劳动教育的意见》

工匠精神是一种精益求精、持之以恒、爱岗敬业、守正创新的精神。我国自古就有尊崇和弘扬工匠精神的优良传统。不论是春秋时期的鲁班还是现代的"嫦娥"团队、"北斗"团队，他们以精益求精、追求卓越的工匠精神，让中国一次又一次惊艳世界。本章聚焦几位大国工匠，通过讲述他们的事迹，使劳动创造美好生活真正成为广大青少年的共同心声和普遍追求，进而在全社会营造学习大国工匠，弘扬工匠精神的良好氛围，激励更多青少年走技能成才、技能报国之路。

> 艰苦创业的精神是需要的，但更需要智慧，更需要创造性的劳动，我们要在创新路上继续前行。
>
> ——包起帆

延伸阅读

包起帆（1951— ），浙江宁波人。华东师范大学国际航运物流研究院院长，上海工匠学院院长，研发了新型抓斗及工艺系统，推进了港口装卸机械化，被誉为"抓斗大王"，1989年、1995年、2000年、2005年、2010年先后五次被评为"全国劳动模范"，2018年被授予"改革先锋称号"。

包起帆是一名伴随改革开放成长起来的中国工人的缩影。1968年，年仅17岁的他在上海做码头装卸工，当时的码头作业靠的是肩扛手提、人力捆扎，装卸工作险象环生、事故不断。为了改变工人的安全生产环境，实现用抓斗装卸木材的梦想，包起帆不知跑了多少次图书馆、查了多少资料、熬了多少个不眠之夜，如饥似渴地自学物理、数学等基础知识，刻苦钻研业务。经过3年坚持不懈的努力，尝遍失败、艰辛和磨难，包起帆和他的同事终于研制成功了木材抓斗，并形成了一套完整的"木材抓斗装卸工艺系统"，打败了困扰码头装卸工的"木老虎"。有了木材抓斗，工人们再也不需下船舱用人力去捆扎木材了,上海港此后再也没发生过一起重大伤亡事故,效率也因此提高了 2.67 倍。这项革新填补了国际港口装卸工具的空白。

木材抓斗取得成功后,包起帆仍坚持哪里生产不安全、哪里效率低,就动脑筋去解决。他把目光瞄准了"铁老虎",开发出外倾式齿瓣结构的滑块式单索瓣等抓斗设备。短短几年时间,包起帆发明了五六十种大大小小的抓斗,实现了装卸工具流程的根本变革,使得港口装卸从人力化转向机械化。包起帆的这些技术革新和发明成果,在我国铁路、电力、环卫、核能等 30 多个行业的 1000 多家单位得到广泛应用,并出口到全球 30 多个国家和地区,他也由此被誉为"抓斗大王"。

40 多年来,包起帆与同事们共同完成了 130 多项创新项目,其中 3 项获得国家发明奖,3 项获得国家科技进步奖,19 项获得省部级科技进步奖,36 项获得日内瓦、巴黎、匹兹堡、布鲁塞尔、纽伦堡等国际发明展览会金奖,授权国家和国际专利 50 项。

> 干就干一流，争就争第一。
>
> ——许振超

延伸阅读

许振超（1950— ），山东荣成人。青岛前湾集装箱码头有限责任公司固机高级经理，中华全国总工会原副主席（兼职），2004年荣获"中华技能大奖"，2005年被评为"全国劳动模范"，2018年被授予"改革先锋称号"。

1974年，许振超进入青岛港，成为一名码头工人。多年来，他立足本职、苦练技术，练就了"一钩准""一钩净""二次停钩""无声响操作"等技术，多次打破世界集装箱装卸纪录，为世界展现了非凡的效率，让青岛港的高效名扬海外。

过去，青岛港引进的是国外的桥吊。1990年的一天，桥吊的控制系统坏了，中国人不会修，只好请外国技术专家过来。专家干了12天，一下子挣走了4.3万元，这件事深深刺痛了许振超。他想，如果自己会修，这笔钱不就省了吗？然而，桥吊的构造很复杂，就是学起重机械专业的大学生也至少得两三年才能够处理一般性故障。许振超只有初中文化，可为了攻克这门技术，他着了魔似的钻研，终于发现，所有的技术难点都集中在一块块控制系统模板上，而这正是外国厂家全力保护的尖端技术——不仅没有提供电路模板图纸，就连最基本的数据也没有。倔强的许振超就是要试着往前冲，每天下了班，他都拿着借来的备用模板，一头扎进自己的小屋里研究。最复杂的是掌握动力系统的电路图，一个桥吊的电路板上有2000多个小若蚂蚁的焊点，上面的线路细如发丝。光分辨这2000多个焊点就已经够困难了，要弄明白它们之间的连接更是难上加难。就这样许振超用了4年时间，终于掌握了青岛港十几台桥吊线路的"神经"，一些港口机械厂专家称赞这是一个创举。

"干就干一流，争就争第一"是许振超心中坚定的追求。即使只是一名普通的桥吊司机，即使只有三尺操作平台，但在许振超的眼中，这也是一个能够大有作为、报效国家的无限空间。

一个人在成长的阶段，尤其是年轻的时候，一定不要怕吃苦，只有经历磨难，才能练就真本事，才能在社会上站稳脚跟。

——巩鹏

延伸阅读

巩鹏（1970— ），北京人。中国航天科工集团第三研究院钳工，高级技师，国防科技工业有突出贡献的专家，2008年荣获"中华技能大奖"，2017年被评为全国首批"中国质量工匠"。

从1988年开始，巩鹏就天天与板锉、钻头等加工器具"厮守"，如今已经是享誉行业内外的"大国工匠"。在30余年的职业生涯中，他用默默坚守和非凡成绩，书写了一段从学徒到钳工拔尖人才，再到质量工匠精神传承者的传奇人生，成为中国航天技能人才的代表，也为千千万万追求极致质量、锤炼卓越技能的人们树立了典范。

巩鹏所在的钳工组承担了包括神舟系列、嫦娥系列在内的多型航天产品，以及国防武器装备关键零部件的精密加工、装配工作。很多零部件的加工无法通过自动化机床来生产，必须手工打造、研磨、精制，这些零部件的加工精度直接决定着国防武器装备的精准度。以前这样的研磨零件都是委托给外协厂家加工，但成品率低、质量不稳定,成为制约生产的瓶颈,这让巩鹏看不下去了,他决定要争口气,自己尝试着研磨零件。经过无数次尝试,他发明了"巩氏研磨法",不仅完成平面精度12级(细至一根头发丝的千分之三)的要求,而且把产品合格率从50%提高到了100%。

巩鹏爱钻研,只要是技术上的难题,他就要去挑战。为攻克某重点型号产品中的D形孔加工工艺,巩鹏改进钳工研磨方法,将成品合格率由原来的50%提高到99%;某产品罩盖设计结构复杂,巩鹏经过3个多月日夜奋战,熬红了双眼,发现了新的加工方法,省去6道加工工序,降低了劳动强度,提高工效近50倍,也提高了产品质量。依靠独特的平面精密研磨技术,巩鹏所在单位完成了多个型号加速度计的研制和批产,技术指标在国内外惯导产品占据领先地位。因其性能稳定、质量可靠,先后11次助力神舟系列飞船飞行任务取得成功,也为圆满完成飞船与天宫目标飞行器交会对接、嫦娥三号精准落月、探月工程三期再入返回等飞行试验任务立下功劳。

不磨炼,没有真正的本领,凭什么在社会上立足?巩鹏凭借着这样坚定的信念,在不断努力和不断超越中练就了精益求精、追求卓越的工匠气质。

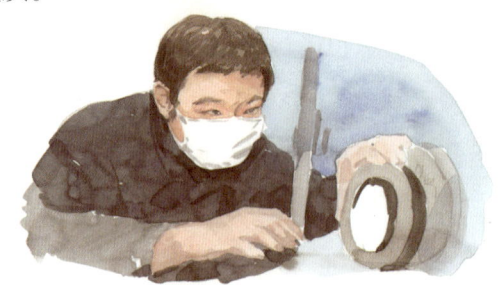

> 用工匠精神把手中的产品干好干精,让中国高铁在世界上不断领先、领跑。
>
> ——李万君

延伸阅读

李万君(1968—),吉林长春人。中车长春轨道客车股份有限公司首席焊工,被誉为高铁战线的"工人院士",2011年荣获"中华技能大奖",2015年被评为"全国劳动模范",入选2018年"大国工匠年度人物"。

1987年,19岁的李万君职高毕业,成为长客焊接车间水箱工段的一名焊工,水箱工段主要焊接火车上供水的水箱、制动的风缸等。当年条件不行,车间火星子乱蹦、烟雾弥漫,叮咣的声音刺得耳朵疼。李万君有时趴在焊接的钢板上作业,衣服蹭满钢板上的油,油沾灰、灰裹油,就像一尊端着焊枪的泥塑。夏天,焊枪喷射着2300摄氏度的烈焰,烤得人上不来气;冬天,在水池子里作业,脚上穿着水靴子,身上挂一层冰。短短一年时间,当初和他一起入厂的28人中,有25人跳槽了,但李万君留了下来,一干就是10年,直到水箱工段变为转向架焊接车间。

转向架制造技术,被列为高速动车组的九大核心技术之一。

2007年，长客股份公司先后引进法国时速250公里的高速动车组技术等国外技术成果，但一些核心技术仍受制于人。如何形成完全具有自主知识产权的高铁技术，彻底打破外国技术壁垒，是摆在集团公司面前的一个重要难题。李万君硬是凭着一股子不服输的钻劲儿、韧劲儿，积极参与填补国内空白的几十种城铁车、动车组转向架的首件试制焊接工作，总结并制定了30多种转向架焊接规范及操作方法，技术攻关150多项，其中27项获得国家专利。在试制生产法国时速250公里的动车组时，承载重达50吨车体重量的接触环口焊接成型要求极高，成为决定动车组列车能否实现速度等级提升的核心部件，也成为制约转向架生产的瓶颈。李万君在模型上反复演练、潜心研究，摸索出的"环口焊接七步操作法"，成型好、质量高，成功突破了批量生产的难题。这项令法国专家十分惊讶的"绝活"，现已成为公司技术标准。在李万君看来，无论外国怎么进行技术封锁，都要想尽一切办法去革新和突破，这是中国高铁产业工人义不容辞的责任和担当。

> 我们要立足岗位，精研技术，追求卓越，通过自己的业绩助推质量强国、制造强国、纺织强国。
>
> ——杨普

延伸阅读

杨普（1983—），河北正定人，常山纺织股份有限公司恒盛分公司织造车间挡车工，2010年被评为"全国劳动模范"，2012年荣获"中华技能大奖"。

2000年3月，从技校纺织专业毕业的杨普进入当时的常山股份棉四分公司，成为一名布机挡车女工。师傅对她说："技能是工人的本钱，好好干，行行都能出状元"。从那时开始，杨普就暗暗下定决心，要向师傅学匠艺，通过不懈努力使自己成为行业状元。接线头是最见技术的硬活，别人机下练习接500个，她就接1000个；别人练1小时，她就练3小时。功夫不负有心人，杨普在不到20岁时就在省市职业技能大赛上屡夺桂冠，成了企业的第一生产标兵，同事心中佩服的"织布工匠"。她凭着丰富的知识积累和技能集成，练就了匠心，成了企业不可多得的技术人才，被企业选聘为最年轻的高级技师。她总结出的"机上打结不超过5毫米""双手交叉""主动引纬"等操作技巧和自创的"双套结"接头手法,大大提高了员工处理断经、断纬速度,班产提高了2200米,年创造直接经济效益近500万元。

2009年7月,杨普被挑选到恒盛分公司担任操作辅导员。面对没有任何生产经验的新学员,杨普制定出培训计划和目标,大到巡回路线怎么走、布面经纱线怎么查,小到一个处理停台的动作和接头手法,她都毫无保留地把自己多年总结的技术传授给新学员。不到两个月,杨普带的首批学员就上车顶岗,操作技术有的已达能手、优级手水平。杨普还和她的工作室成员结合传统织机的操作法和各自的生产经验,大胆尝试、勇于探索,先后总结创新了"七字断经处理法"等近30项操作法。杨普认为,创新不是高深莫测的,就是用新方法、新思路去解决生产中的老问题、疑难问题。小发明、小创造、小革新,只要是能提高生产效率的,能提高产品质量的,能减轻劳动强度的,都是创新。

> 一个人有技术，自己有前途！一群人有技术，企业有前途！一代人有技术，国家有前途！
>
> ——郑贵有

延伸阅读

郑贵有（1971— ），内蒙古包头人，内蒙古北方重工业集团有限公司防务事业部首席技师，2015年被评为"全国劳动模范"，2016年荣获"中华技能大奖"。

1992年，21岁的郑贵有从技工学校毕业进入北方重工业集团，成了一名车工。通过勤学苦练，进厂3个月，他就提前出徒，独立操作；进厂3年，就成长为公司最年轻的车工班班长。工友们都说，郑贵有干起活来就像"拼命三郎"。每当有人值夜班，总能发现20号厂房内郑贵有车床的工作灯亮着。他说："别人不愿意加班，你去加班了；别人不爱钻的技术，你去钻了，你就成为技术、技能的拥有者，就有了看家本领。"

凭借着炉火纯青的操作技能与经验，郑贵有潜心探索创新工艺，先后总结出"郑贵有细长轴切削法""郑贵有圆锥切削法"等11项先进操作法，指导解决了军品科研试制中130余项加工技术难题，为国家武器装备制造、国家极端制造领域作出突出贡献。2012年，北方重工业集团自主研发成功的世界最大首台首套3.6万吨黑色金属垂直挤压机的主油缸需要机械加工，难度很大、技术复杂、任务艰巨。面对如此难题，郑贵有夜以继日地查阅资料，反复试验、论证，最终确定了攻关方向。经过两个多月的努力，郑贵有依靠琢磨出来的一套独特工艺流程和专门设计的特殊工具，完成了加工任务。经检测，各项尺寸均符合要求，圆度、圆柱度保证在了0.04毫米以内，节省资金600多万元。就这样，郑贵有多次向"国之重器"发起挑战，以无畏的勇气、高超的智慧、一流的技能"战之必胜"。

在为兵器制造难题"把脉开方"的同时，郑贵有还倾心育才。2012年8月，以他的名字命名的国家级技能大师工作室通过人力资源和社会保障部审批。通过工作室，郑贵有毫无保留地把自己的技术、经验传授给年轻人，已组织1000多名技能人才参加技能培训班，培养出40多名青年科技骨干。他带领团队完成技术攻关和技术创新80余项，提出合理化建议300多条，创造经济价值上千万元。近30年来，郑贵有在一线岗位上，用敬业、精业、乐业的精神，唱响了"工人伟大，创造光荣"的时代最强音！

> 扛就扛红旗、干就干最好、争就争第一！
>
> ——王进

延伸阅读

王进（1979— ），山东济宁人。国网山东省电力公司检修公司带电作业班副班长、世界±660千伏等电位带电作业第一人，2015年被评为"全国劳动模范"，入选2018年"大国工匠年度人物"。

工作时带高压电50万伏，作业地点离地面100多米，脚踩晃晃悠悠的电线，这种工作环境普通人想想都害怕，而王进却在这一岗位上坚持了20余年。带电作业属于高危工种，除了对身体条件要求比较高以外，对经验、技术、心理素质要求非常高。这么多年过去了，他依然记得第一次"抓电"的恐惧和无助。

多年来，他专心学习理论知识，苦心练习技能本领。在五六十米高的高压线上，王进总能做到从容不迫。带电作业最怕夏天和冬天，但往往就是这两个季节作业多，夏天40摄氏度的高温，王进在线上作业嗓子干得直冒烟，一瓶水一口气喝下去，出的汗比那瓶水还多，顺着内衣流到鞋里，一走路就哗啦哗啦响。寒冬腊月，零下十几摄氏度的低温，薄薄的屏蔽服里只能套一件羽绒坎肩，王进在50米高的风口处，感觉像没穿衣服，寒风像刀子一样割得脸生疼。工作以来，他经历过的带电作业有100余次，累计减少停电时间300多个小时，多次完成抗冰抢险、奥运等重大任务，为国家节省电量1000万度，避免经济损失数以亿计。

±660千伏银东直流输电线路是世界首条±660千伏电压等级输电线路工程，占山东省总负荷的近十分之一，被称为"不能停电的线路"。为成功挑战这项世界难题，自线路建成之日起，王进和带电班的成员连续两个月吃住在训练场，所有成员每天都要登4次塔，相当于在20层的高楼上下8次，在高空中一个传递动作要反复演练十几遍。功夫不负有心人，2011年10月17日，在30多家媒体的见证下，王进在不到1个小时的时间里，成功完成了带电检修任务，成功完成世界首次±660千伏直流输电线路带电作业，被誉为±660千伏带电作业"世界第一人"。

2015年1月9日，王进和同事们自主研发的"±660千伏直流架空输电线路带电作业技术和工器具创新及应用"被授予国家科技进步二等奖。其中，专用工器具获得了7项发明专利、7项实用新型专利，填补了多项技术空白。

> 只有不断鞭策自己，才能跟上打造世界一流强港的发展步伐。
>
> ——竺士杰

延伸阅读

竺士杰（1980— ），浙江宁波人，宁波舟山港北仑第三集装箱码头有限公司桥吊班大班长，2015年被评为"全国劳动模范"。

1998年，从技校毕业的竺士杰进入港口工作。经过一年多的努力，他已经成为龙门吊司机中的佼佼者。当得知公司选拔年轻桥吊司机的消息后，他不顾从零开始、收入减少等困难挑战，第一时间报了名。回忆起第一次上桥吊的场景，竺士杰仍记忆犹新："尽管我全神贯注，累得浑身冒汗，但10多分钟的努力仍然没有吊起那个箱子。"自那以后，竺士杰给自己立下目标："老师傅操作这么流畅，自己没有理由学不会！"他无数次试验，不断寻找解决行走不同距离，起吊不同重量、不同种类的箱型，不同船型结构、不同设备性能及大风等特殊天气下的作业办法，在每个环节掐秒表，将操作细化到每个微小动作，为了练习精准推挡，卡在手柄上的虎口都磨出了血泡。2006年12月，竺士杰将自己摸索的心得总结归纳为一份8000字左右的手稿，"竺士杰桥吊操作法"应运而生。2013年，"竺士杰桥吊操作法 2.0 版"出版；为了进行更生动直观的展示，2014年，"竺士杰桥吊操作法"动画版推出；2019 年，他继续对操作法中提高标准化培训能力、安全作业、操作技能等方面的内容进行修改完善，形成了"竺士杰桥吊操作法 3.0 版"，在超大型船舶作业、困难船舶作业等方面有了更精进的研究和更显著的成效。在他的带领下，竺士杰创新工作室陆续推出一大批创新成果，他所在桥吊班的着箱准确率从最初的 72.6% 提升到现在的 79.68%，使得穿山港区的桥吊一年能多做 100 多万个标准箱，相当于多出一个多泊位的年作业能力。

2020 年 3 月 29 日，习近平总书记来到了宁波舟山港穿山港区，并与职工们进行了亲切交流。"发挥好劳模作用，带出更多的劳模。"这是总书记在离开港口前，留给竺士杰的嘱咐。对竺士杰来说，总书记的话是份沉甸甸的责任，也是信心和力量的源泉。他将在自己平凡的岗位上，用精湛过硬的本领谱写新一代技术工人的青春华章。

> 匠心就是能够长期沉下心、静下心、不断学习，专心把一件事情做好。
>
> ——陈行行

延伸阅读

陈行行（1990— ），山东微山人。中国工程物理研究院机械制造工艺研究所高级技师，2015年被授予"全国五一劳动奖章"，入选2018年"大国工匠年度人物"。

陈行行是一个从农村走出来的孩子，他小时候就对机械很感兴趣，喜欢把自行车、电视的零部件拆了重新组装。在技工院校上学时，他特别喜欢和机械加工相关的新技术，利用3年在校时间，通过自己的努力先后考取了8个工种的12个职业资格证书。毕业后，他通过参加技能比赛提高技术水平，给自己的未来发展积累了更多经验。在2010年的第四届全国数控技能大赛山东选拔赛中，陈行行获得加工中心（四轴）赛项职工组第一名，并在全国的决赛中获得第四名。也正是在这次比赛后，陈行行进入中国工程物理研究院机械制造工艺研究所工作，成为机械制造工艺研究所加工中心的一名操作工，从事软件编程及数控操作。陈行行勤奋精进，精通多轴联动加工技术、高速高精度加工技术和参数化自动编程技术，尤其擅长薄壁类、弱刚性类零件的加工工艺与技术,凭借全面的技能、扎实的编程功底和精湛的操作技术,用3年时间完成了普通人需要用16年的时间才能达成的目标,成为单位在新设备运用、新功能发掘、新加工方式创新等方面的领军人才。

有一次,陈行行接到一项任务——制作国家某重仪专项分子泵项目的一个核心零部件。该零部件不仅加工精度要求高,而且加工过程中程序调试异常烦琐,费时费力。陈行行与技术人员一起从难点入手,通过优化铣削方式、加工刀具和工装夹具,编制合理的加工程序和发掘设备智能辅助专家系统的两个高级功能,攻克了加工振动导致的质量难题,同时消除了叶片边缘毛刺现象,不仅缩短了工序,而且加工质量更优,使加工效率提高了3.5倍。在某型号定型产品重要零件的批量加工中,陈行行通过对加工刀具、切削方式和加工程序及装夹方式进行优化,使加工效率提高了1倍,使生产出来的产品合格率高于98%。

陈行行说:"现在我们国家的高技能人才,尤其是顶尖的高技能人才是非常短缺和珍贵的。我们技能人才,一样可以有很好的职业发展前景,一样可以实现自己的人生理想与价值。"

> 只要我能干动,我就还要接着干。
>
> ——李云鹤

延伸阅读

李云鹤(1932—),山东青州人。敦煌研究院原副所长,被誉为我国"文物修复界泰斗",是国内石窟整体异地搬迁复原成功的第一人,也是国内运用金属骨架修复保护壁画获得成功的第一人,入选2018年"大国工匠年度人物"。

在世界文化遗产敦煌莫高窟,有一位年近九旬、满头华发的老人,无论严寒酷暑,经常穿着深蓝色的工作服,拿着手电筒,背着磨得发亮的工具箱,穿行在各个洞窟之间,专注地修复着壁画和塑像。一幅幅起甲、酥碱、烟熏等病害缠身的壁画,一个个缺胳膊少腿、东倒西歪的塑像,在他的精雕细琢下,奇迹般地起死回生,令人叹为观止。

倾心一件事,干了一辈子。李云鹤于1956年在敦煌莫高窟参加工作,至今仍坚守在文物修复保护第一线。1957年,在捷克斯洛伐克文物保护专家约瑟夫·格拉尔短暂对莫高窟进行壁画保护情况考察和壁画病害治理示范后,李云鹤也开始尝试像格拉尔一样用一些白色牙膏状的材料与水混合搅拌均匀制成黏接剂,再用一支医用粗针管顺着起甲壁画边缘沿缝隙滴入、渗透至地仗里；待壁画表面水分稍干，再用纱布包着棉球，轻轻按压，使壁画表面保持平整、粘贴牢固。经过一遍遍调试，一次次失败，终得成功。此后几十年里，李云鹤将毕生的精力投入了文物修复保护事业，立足莫高窟，足迹跨越北京、新疆、青海、西藏等省市，故宫、布达拉宫等30多家兄弟单位的文物修复保护现场都留下了他的身影。

李云鹤是国内石窟整体异地搬迁复原成功的第一人。1975年，李云鹤创造性地对220窟甬道西夏壁画进行了整体剥取、搬迁、复原，并且把西夏壁画续接在唐代壁画的旁边，从而使两个历史时期的壁画展现在一个平面上，供学者研究、游人观看。他也是国内运用金属骨架修复保护壁画获得成功的第一人。退休后，他把更多的心思和精力放在了言传身教、培育新人上。已经88岁高龄的他仍然坚持亲临一线，一边自己动手修复，一边指导年轻人工作。"一切手工技艺，皆由口传心授。"李云鹤壁画修复的技艺在他的一批批学生中得到了传承。

CHAPTER 5
第五章

劳动育人篇

发挥独特育人价值

家庭要发挥在劳动教育中的基础作用;

学校要发挥在劳动教育中的主导作用;

社会要发挥在劳动教育中的支持作用。

——《中共中央 国务院关于全面加强新时代大中小学劳动教育的意见》

在人的不同成长阶段，劳动对身体的素质、性格的培育、技能的学习、人格的塑造等都起到关键作用。家庭、学校和社会都充分发挥各自在劳动教育中的基础、主导和支持作用，教育引导广大青少年崇尚劳动、尊重劳动，懂得劳动最光荣、劳动最崇高、劳动最伟大、劳动最美丽的道理。本章遴选了国内外教育家和科学家的劳动育人箴言，体现了劳动教育在各阶段对塑造学生良好品德的重要性，相信会对我们现阶段劳动教育实践有深刻的启发。

> 光是和聪明人交往还不够，还应该习惯于在劳动中度过一生；青年人应该坚持在实践活动中锻炼；只要他们掌握了适当的技能，他们就能成为未来的大师。
>
> ——扬·阿姆斯·夸美纽斯《论天赋才能的培育》

箴言释义

扬·阿姆斯·夸美纽斯(J.A.Comenius，1592—1670)是17世纪捷克伟大的爱国者、教育改革家和教育理论家，是人类教育史上里程碑式的人物。他一生坎坷，靠"捷克兄弟会"的资助完成中高等教育，主持兄弟会学校。三十年战争爆发后，他被迫流亡国外，但仍继续从事教育活动和社会活动。夸美纽斯尖锐地抨击中世纪的学校教育并号召"把一切知识教给一切人"，提出统一学校制度，主张普及初等教育，采用班级授课制度，扩大学科的门类和内容，强调从事物本身获得知识。主要著作有《母育学校》《大教学论》《语言和科学入门》《世界图解》等。

和聪明人交往并不是坏事情，可以学习到很多，但终究是二手智慧。如果自身不在实践中练习，如果不是经常犯错误、认识错误和改正错误，谁也学不会避免犯错误；如果不锻炼手艺，谁也不会成为大师。只有智慧并不能让人过上幸福的生活，从小就在劳动中生活、在社会活动中锻炼，才能成为灵活机智的人，才有机会成为社会的担当并懂得幸福的真谛。

近些年，成功学人物、人生导师层出不穷，仿佛学到了他们的智慧与经验，我们就离成功不远了。其实，成功本就有不同定义，世俗上的成功也有着太多不确定因素，而年轻人唯一可以确定的就是在学习与劳动实践中塑造人格、完善自我。

> 许多手工劳动不但能通过练习增进我们的灵敏及技巧，而且也有益于我们的健康，尤其是那些需要我们在户外去做的事情更是如此。因此，在这些事情上，健康与进步可以合而为一；那些以读书、学习为其主要工作的人，应选择一些合适的技艺作为娱乐。
>
> ——约翰·洛克《教育漫话》

箴言释义

约翰·洛克（John Locke，1632—1704）是17世纪英国著名哲学家和思想家，是最早的经验主义者之一。他早年在牛津大学获得文学硕士，毕业留校任古典学科教师，但他对医学、自然科学及实验科学花费很多时间与精力去研究，在这些领域也有精深造诣。他又通过钻研，在哲学及政治学方面获得了更大成就。主要著作有《政府论》《论宽容》《人类理解论》《教育漫话》等。

《教育漫话》来源于洛克指导教育亲戚的嗣子克拉克的书信集，该书的主题是"绅士教育"，阐明如何才能培养出符合时代需要的有理性、有德行、有才干的绅士或者有开拓精神的事业家，强调德、智、体全面发展的教育并且德育比智育更为重要。

在《教育漫话》的下篇"技能教育的作用"中,洛克提到对于儿童来说,有些知识必须知道,虽然这些学习未必能增进其健康,但还是得花时间求进步。手工技艺就不同了,需要通过劳动练习,这些反复的练习可以增进我们的灵敏及技巧,且有益于我们的健康,手工劳动可以让健康与进步合而为一。在很多父母的观念中,学校的劳技课是可有可无的,大都持"无用"观点。但恰恰是这种所谓的"无用",能让终日读书、学习的人在习得园艺、木工、烘焙技能的同时,放松身心,体会生活的无穷美妙。

> 如果人们从年轻时就能革除那种闲荡的习气，不因为顺从习俗而将其生命的相当部分蹉跎而过，既不干正经事，又无娱乐可言，那么，他们就有充裕的时间在成百上千种事情上获得技巧，展露才智，那些技艺即使与他们的职业相去甚远，但是绝不会妨碍他们的职业。
>
> ——约翰·洛克《教育漫话》

箴言释义

约翰·洛克是一个开明的导师。他谈到不想看到年轻人被愁云惨雾所笼罩，认为闲暇无事聊聊天，谈笑风生，以及其他一切流行的合适娱乐都是可以允许的，但他更强调年轻人在工作之余还是要去学习手艺、增加技能、提升进步、丰富体验。现代人被社会的五光十色与各种网络媒体刷走了大把的时间，学习手艺也是将无用及危险的消遣摒除于年轻人生活之外的好办法，是值得提倡的。

洛克更是一名犀利的医生。他认为怠惰、懒散、无所事事、靠沉溺于梦境打发日子的脾性是最不可放任的，这是健康系统紊乱，是疾病，无论发生在任何年龄或身份的人身上，都不可坐视不理。而这恰好切中了当前很多年轻人的命脉。

> 父母们，假如你希望你的孩子最后能帮助你的话，就在儿童早期培养他们活动的本能，特别是在儿童期培养他们创造的本能……给孩子现在最高的需要，允许他帮助你工作——因为这个工作是你的，所以对他特别亲切，使他不仅可以意识到自己的力量，而且学会估计他的力量的限度。
>
> ——弗里德里希·威廉·奥古斯特·福禄贝尔《人的教育》

箴言释义

弗里德里希·威廉·奥古斯特·福禄贝尔（Friedrich Wilhelm August Fröbel，1782—1852），德国教育家，被公认为19世纪欧洲最重要的教育家之一，现代学前教育的鼻祖。他不仅创办了第一所称为"幼儿园"的学前教育机构，他的教育思想与实践对世界各国幼儿教育的发展也起到了深远的影响。福禄贝尔认为人的劳动、生产，不只是维持衣、食、住，还要把隐藏在内部的精神表现出来，为了认识自己而劳动和创造这是最主要的，而劳动所得的结果如衣、食、住是次要的东西。主要著作是《人的教育》。

福禄贝尔强调的"自我活动原理"是辅导幼童本身的活动，让幼童决定自己的行动，成人不加以干涉，借此让幼童来认识自己、知道自己的能力、辅导幼童自我操练，通过他们的行动、工作，激发潜在力量。儿童早期的活动很多都是模仿家庭生活的各方面，而家长在实际生活中往往认为他们孩子气，甚至用"我很忙，别烦我"之类的话语打发，这其实会对儿童幼小的心灵造成打击，所以我们要正确对待孩子的活动热情，给他们创造一些可以活动及帮助他们的条件，使他们体验与理解劳动，并有着持续发展的无限力量。

福禄贝尔在儿童教育实践中得出的结论是：凡是简单地、自然地养育起来的健康孩子，从不逃避困难和障碍，而是去寻求困难和克服困难。

> 当前，我们教育的最大错误是，它试图让孩子们知道所有远在天边的事情，而对近在咫尺的事物却一无所知。
>
> ——约翰·杜威《学校与社会》

箴言释义

约翰·杜威（John Dewey，1859—1952），美国著名哲学家、教育家、心理学家，实用主义的集大成者，也是机能主义心理学和现代教育学的创始人之一。约翰·杜威曾先后于美国密歇根大学、芝加哥大学、哥伦比亚大学长期任教，并在哥伦比亚大学退休。杜威一生推崇民主制度，强调科学和民主的互补性，民主思想是他众多著作的主题。与此同时，他也被视为二十世纪最伟大的教育改革者之一。杜威的思想曾对二十世纪前期的中国教育界、思想界产生过重大影响，也曾到访中国，见证了"五四运动"并与孙中山会面，培养了包括胡适、冯友兰、陶行知、郭秉文、张伯苓、蒋梦麟等一批国学大师和学者。主要著作有《哲学的改造》《民主主义与教育》等。

"教育预备说"的观点认为教育就是为将来做准备，与儿童的现实生活无关，把为将来做准备作为现在努力的主要动力。而杜威是批判这种错误观点的，他以"教育即生活""教育即成长""教育即经验"为依据，论述知与行的关系，提出"从做中学"的理论。人们最初了解的知识和最牢固地保持的知识，是关于怎么做的知识。儿童生来就有一种天然的欲望，看见人家做事，就要动手，不愿意旁观，在一定程度上把这一事实应用到教育中，引导他们善用自己全部的力量和感情去从事自己感兴趣的活动，这也是在运用自然发展的方法去培养儿童的判断力和正确思维能力，而不是听任教科书主宰。儿童在行动中忙碌，获得精神的满足和宁静，这就是乐趣、快乐、幸福。

现在的家长应该让孩子少一些课程学习，多一些自然生活、劳动实践与生命体验，在孩子生命的广度被扩展的同时，他们自己也会加速自主地深度探索。

> 最根本的问题不是要训练各个人从事于某种特别的职业,而是要使他们对于必须进入职业产生生动的和真诚的兴趣,如果他们不愿成为社会寄生虫的话,并且还要使他们知道关于那些职业社会的和科学的态度。目的不是要训练养家糊口的人。
>
> ——约翰·杜威《学校与社会》

箴言释义

约翰·杜威认为把职业教育仅看作职业训练是狭隘的。尽管职业训练能培养未来的工人,比起没有受过职业训练的人,或许他们具有更多技能,但却没有开阔的头脑,没有对他们所做工作的科学和社会意识的见识,也没有受过能协助他们找到方法或作出调整的那种教育。职业教育的目的并不是要培养那种结束了某一职业的学徒生活并从事那种职业的熟练工人。一门终身职业,不能是只为了赚取工资而从事日常工作。要给学生一些职业方面的知识,从而使他们具有明智选择的标准。实际上,现代职业教育的弊病仍未摆脱杜威分析与批判的范畴:现行职业仍是以经济利益凸显其重要性,仍以现代工业为标准,职业教育与文化修养对立等。

> 集体工作的技巧，同时也可以培养一般的组织技巧和一定的自我克制的习惯。这些对于组织集体生活都具有重大的意义。
>
> ——娜杰日达·康斯坦丁诺夫娜·克鲁普斯卡娅《社会教育》

箴言释义

娜杰日达·康斯坦丁诺夫娜·克鲁普斯卡娅（Надежда Константиновна Крупуская，1869—1939），女，苏联杰出的教育家，无产阶级政治活动家，革命导师列宁的夫人和亲密战友。她一生致力于研究马克思主义的教育科学，并担任苏维埃教育领导工作，作出了突出贡献。主要著作有《国民教育和民主主义》《克鲁普斯卡娅教育文选》等。在《国民教育和民主主义》一书中，她详细阐述教育与生产劳动相结合是改造旧社会强有力的工具，也是培养全面发展的人的方法。她指出，要让儿童从小参加一定的劳动，受系统的劳动教育，培养劳动观点和劳动技能。

集体工作是指具有共同目的的工作。为了达到这一目的，往往要进行一定的分工。在集体劳动中，每个人都要完成自己的工作，若不能准确迅速完成，那么全部工作都会停顿下来。作为集体劳动的一员，经常意识到自己是整体中的一部分的能力是具有重大的教育意义和纪律意义的。在学生的集体劳动中，不管是体力劳动还是脑力劳动，都需要集体地拟定规划与合理分工协作的技巧，明确自己在集体组织中的作用，由简单到复杂地完成对集体和集体劳动的认知与参与，从而认真对待劳动、对待生活。在强调个性化的今天，凸显个性与个人奋斗无可厚非，但个人成功又有多少是仅靠单打独斗就可以完成的呢？在网红直播带货热度爆表的今天，镜头背后与直播间外许多彻夜不眠辛苦耕耘的工作人员都是这个集体成功的必备要素。因此，个人在集体中的劳动与自我克制成就了集体的荣耀，这也是我们每一名劳动者心中高昂的赞歌。

> 劳动应该安排得有助于儿童走向生活，劳动可以加强纪律，要使劳动按一定的大纲进行，让孩子们感到他们通过劳动学到了一定的知识和技能，在劳动中得到了提高。
>
> ——娜杰日达·康斯坦丁诺夫娜·克鲁普斯卡娅《克鲁普斯卡娅论教育》

箴言释义

娜杰日达·康斯坦丁诺夫娜·克鲁普斯卡娅强调学校在做好儿童学习工作的同时，妥帖安排他们的劳动也非常重要，让他们了解生活的劳动，学到一定的知识和技能，在劳动中得到提高。在学校里，学生的劳动要有针对性，教材与设备齐全，有得力的老师指导。单纯的机械性劳动并不适合儿童，要使他们参与的劳动带有创造性和集体性，使他们参加实际劳动的同时获得理论知识，了解职业劳动，扩大劳动视野，同时懂得劳动中纪律的重要与友好互助精神的可贵。老师和家长们其实深切明白现在的儿童缺乏劳动锻炼与劳动素养，但现实的教育竞争体系又迫使他们必须做理想与现实割裂的操作，自欺欺人地以为只要学业搞上去，其他东西就可以后补。而经过从小劳动积累的素质与眼界是否可以补得回来，这真的是一个大大的问号。2020年3月，《中共中央 国务院关于全面加强新时代大中小学劳动教育的意见》就是针对近年来劳动教育被淡化和弱化的现象实施的纲领性指导意见,得到了全社会的响应,后续的配套性政策相继铺开,我们也期待新一代的"后浪"从小经过劳动汗水的浸润,可以以更加磅礴之势汹涌前进。

> 要从儿童年幼时起就教育他们学会集体工作和生活。从这一点出发,就应大力支持儿童的劳动组织。
>
> ——娜杰日达·康斯坦丁诺夫娜·克鲁普斯卡娅《论儿童的集体劳动》

箴言释义

儿童的共同活动其实就是集体劳动的萌芽。他们一起游戏似的劳动对大人们来说很幼稚,可是孩子们却乐在其中,反倒是大人们一干预,孩子们立马没了兴趣。他们通过这种实践与经验可以发现许多规律,知道所用材料的性能,学会使用工具,根据兴趣分工合作。很多时候,家长或者老师会根据自身的喜好及需要对孩子们的自发集体活动进行判断,给予支持和帮助的情况比较少。当今社会,因为城市化与人口的流动,作为独生子女长大的父母们即使意识到孩子集体活动的缺乏,更多时候也不愿让他们过多参与其中,所以孩子们劳动参与的实效性和集体活动的获得感是会大打折扣的。现在看来,克鲁普斯卡娅100多年前的话仍然振聋发聩。

> 儿童懒惰的发展大部分是由于不合理的教育，由于在儿童年幼时，父母没有培养儿童的毅力，没有教会儿童克服困难，没有激起儿童对家务劳动的兴趣，没有教儿童对劳动、对劳动经常给予的满足养成习惯。
>
> ——安东·谢苗诺维奇·马卡连柯《儿童教育讲座》

箴言释义

安东·谢苗诺维奇·马卡连柯（Антон Семёнович Макаренко，1888—1939），苏联著名教育革新家、教育理论家、教育实践家和作家。他17岁时就开始了自己的教师生涯，从此在繁重的教育实践活动和紧张的教育理论探索中度过了自己短暂而光辉的一生。他提出通过集体生产劳动来教育儿童以及在集体中进行教育的原则和方法，经过积极探索、大胆尝试和艰苦工作，把数千名少年违法者教育改造成社会主义建设人才。主要著作有《教育诗》《塔上旗》《父母必读》《儿童教育讲座》《马卡连柯教育文集》。

每个人都会有懒惰的情绪，但一个人从童年开始就是一个懒惰的人，如果不是健康的原因，那应该就是父母对他的引导教育出了问题。在孩子还很小的时候，父母用信赖、认真的请求方式吩咐孩子学习做家务，这是激励他们的主动性，让他们看到工作的必要性，引导他们主动去完成，逐渐引导他们习惯劳动，慢慢地激起他们的劳动兴趣，是避免懒惰的有效办法。当然，也可能有这种情况，就是儿童在劳动时不热心、没兴趣、不快乐，或者草草了事，所以对于他们力所能及的事情还应当要求质量，完成时给予真心的夸赞与鼓励，而劳动过程需要修正时，耐心帮助和引导是必需的，决不能斥责处罚。在父母正确引导下，劳动的兴趣与完成的满足感才会逐渐使他们变得坚毅、勇敢。

> 儿童参加家庭生活方面的劳动应当开始得很早，应当在游戏中开始。
>
> ——安东·谢苗诺维奇·马卡连柯《儿童教育讲座》

箴言释义

对于儿童来说，生活中的每一件事情都可能是他的游戏，只要是游戏就会有兴趣。家庭生活中的劳动可以成为儿童游戏的一部分，从擦拭整理玩具开始，亦步亦趋地模仿家长的简单劳动，他们乐此不疲。现在的孩子是全家的"小太阳"，父母和爷爷奶奶们把他们照顾得无微不至，干活的事情很不舍得让孩子做，其实为小朋友的简单劳作而紧张大可不必，这些事情对于他们是另一种游戏，只要稍稍加以引导会给大人们不少惊喜。随着年龄的增加，儿童可以做的事情越来越多，他们会意识到劳动的必要性，乐意去帮助父母，无形之中增加劳动的意愿，没有自我特殊化的表现。这对儿童后续进入学校与日后融入社会带来帮助，对他们未来认真诚恳地工作与幸福生活有着极大的益处。

> 劳动教育,即人的劳动品质的培养,不仅是未来好的公民或不好的公民的教育,而且是公民将来生活水平及其幸福的教育。
>
> ——安东·谢苗诺维奇·马卡连柯《儿童教育讲座》

箴言释义

多数人生来具有大致相同的劳动本能,在实际生活中,有些人工作得好一点,有些人工作得稍逊色一点;有些人只能从事最简单的工作,有些人却能从事较为复杂的劳动。不同的劳动能力,有一定天赋差异的因素,但是更多是在人类生活过程中,特别是在青年时期经过教育而获得的。历史上,劳动曾带有更多强制和艰苦的性质,是免于饥饿的必需。而随着人类的进步,除了满足生活需要,劳动更是为了实现个人价值进行的创造性劳动,从而创造社会财富和文明。只有人们自觉地在工作中感受到快乐并了解劳动的意义和必要,才可能有更多的创造性劳动。人一旦养成了努力劳动的习惯,工作也就具有了某种意义,物质收获之外的幸福感与成就感会给予人更多的满足。

> 人在用劳动创造物质财富和精神财富的同时也在创造自己。如果我们希望我们的孩子成为真正的人,我们就不要再为他们精心营造轻松安逸、无忧无虑的童年。
>
> ——瓦西里·亚历山德罗维奇·苏霍姆林斯基《给父母的建议》

箴言释义

瓦西里·亚历山德罗维奇·苏霍姆林斯基(Васи́лий Алекса́ндрович Сухомли́нский,1918—1970),苏联著名教育实践家和教育理论家。他从17岁即开始投身教育工作,直到逝世,在国内外享有盛誉。他在帕夫雷什中学担任校长、教师长达22年,写了40部专著,他把自己的思维、思索、建议和见解全部倾注在了他的著作当中,即怎样培养"真正的人",教师和父母应当历经何等艰难之路,才能使孩子成长为好学上进、聪颖、心地善良而高尚的人和好公民。主要著作有《给教师的一百条建议》《把整个心灵献给孩子》《帕夫雷什中学》《公民的诞生》等。

当今社会,孩子们的愿望被殷勤的父母一一满足,他们生活得太舒适、太安逸。随心所欲地消费,无节制地满足欲望,这样会使孩子逐渐变成个人主义者,如果不加节制,他们的需要与愿望会变得畸形，而对父母和他人的需要却毫无觉察。在如此"幸福"环境中长大的孩子其实是不幸的，这样的"幸福"会导致非常严重的恶果，并不能给孩子带来真正的"幸福"。家庭和社会都关心年轻一代，为他们的命运负责是教育的理想状况，如果这种关心不是让他们在劳动中学习成长，不经历困难挫折，不感受紧张，是不可能有真正的成果的。因为劳动是振奋精神和充分发掘双手技能的活动，要求身体和精神力量的紧张，在劳动中可以让人有充分的自我表现，在劳动成果中可以看到自身的鲜明形象，也可以对别人、集体和社会形成正确的认知。对劳动保持尊重感，才会有对别人劳动的崇敬感与对自己未来的责任感。

> 在劳动教育中有两点非常重要：第一，最大限度地使孩子的劳动具有人道的精神，也就是说，教育孩子为他人、社会和祖国的幸福而劳动；第二，要使劳动成为人的自然状态，成为习惯。
>
> ——瓦西里·亚历山德罗维奇·苏霍姆林斯基《给父母的建议》

箴言释义

自我服务是一种最简单的日常劳动，劳动教育一般都从自我服务开始。自我服务能使劳动变成人人都承担的普遍义务。现在的学生大多是独生子女，在长辈的呵护下养成饭来张口、衣来伸手的坏习惯，要改变他们不爱劳动、不会劳动的现状，必须从培养良好的劳动习惯开始，放手让他们承担自我服务的必要劳作，参加劳动实践，在劳动中学会尊重他人、理解他人，培养能够终身受益的劳动习惯。不管谁从事何种劳动，自我服务都将成为他的义务和习惯。自我服务也是培养孩子遵守纪律，培养对别人的义务感的重要手段。只有完成了劳动习惯的内化养成，孩子们才能够进行人道精神的劳动，为了自己、他人和社会的幸福去奋斗。

> 恰恰是真正的劳动捍卫着人的良心，失去了它，温柔的幸福之火就会失控，变成吞噬一切的野火。
>
> ——瓦西里·亚历山德罗维奇·苏霍姆林斯基《给父母的建议》

箴言释义

瓦西里·亚历山德罗维奇·苏霍姆林斯基一再强调，真正能够享受生活幸福的，总是那些开始上学就开始劳动的人。不是做劳动的游戏，而是真正的劳动，有浑身的劳累和汗水，也有休息和达到目的时的欢乐。在劳动中，孩子可以认识自己、了解世界，劳动就是自己教育自己的过程。只有在艰苦的劳动中，孩子才会体察到父母的操劳，清楚父母对自己付出的心血，会为了父母和身边关爱自己的人活得更好而尽自己的一分力量，这种温柔有力的力量会让孩子从内心深处体验到快乐。只有在走进生活时，有清醒的头脑与火热的心肠投入劳动，相信没有劳动就没有幸福的孩子，才会成长为真正的人。2019年10月，《扬子晚报》报道寒门子弟李国平、李国安兄弟俩直博北大和中科院的新闻中，在工地帮母亲干活的兄弟俩曾说过一句话，"我俩只有在工地上，才能亲身体会妈妈多年的付出"，这朴实的话语正是对"劳动捍卫人的良心"最好的注解。

> 凡在童年和少年时期就非常关心社会利益的孩子，都会养成一种义务感和荣誉感。每遇到有关社会财物的事情时，他的良心都不会使他无动于衷。
>
> ——瓦西里·亚历山德罗维奇·苏霍姆林斯基《苏霍姆林斯基论劳动教育》

箴言释义

　　社会公益性劳动是一种不计报酬地为他人服务的活动，是培养学生劳动习惯的一个重要方面。在这种劳动中，学生以社会和他人的需要为中心，更多地考虑了社会和他人的利益，从而有助于增强学生的社会责任感，真正理解"人人为我，我为人人"思想的精神实质，认清劳动对于社会的作用和意义，激励自己自觉养成勤于劳动的习惯。从孩子小时候开始就引导他们抱有为他人和社会带来利益的美好愿望，激励他们去做社会服务性劳动，从点滴入手，每一种小小的劳动实践都是让孩子肯定自己劳动成绩、提高劳动能力、增强社会融入感与服务荣誉感的机会。经过长时间的劳动实践与累积，当他们长大进入社会的时候，就会是负责任的劳动者。

> 劳动不仅意味着实际能力和技巧，而且首先意味着智力的发展，意味着思维和语言的修养。
>
> ——瓦西里·亚历山德罗维奇·苏霍姆林斯基《苏霍姆林斯基论劳动教育》

箴言释义

这是瓦西里·亚历山德罗维奇·苏霍姆林斯基关于劳动实践与智力发展的深刻论述。许多研究也表明，劳动越复杂有趣，其智力因素就越明显，也越容易调动学生的劳动积极性。让学生参与复杂技能的劳动实践，要求他们灵活运用所学的劳技知识，充分发挥想象力和创造力，能有力促进学生智力发展。通过劳动发展学生智力的关键在于让学生在劳动中学会思考，激发学生的好奇心、求知欲和想象力。此外，劳动实践还可以促使学生探索最优化的工作方法，在劳动过程中不断调动主观能动性，勤于钻研，勇于实践，日积月累就能不断提高自主分析问题、解决问题的能力，激发学生的创造激情和创新潜能。高校的劳动教育要注重围绕创新创业，重视新知识、新技术、新工艺、新方法的应用，培育学生创造性地劳动。因此，劳动点亮智慧仅仅是开始，劳动终能铸就梦想。

> 中国古代有着辉煌的科学成就,可是没有技术成就。其中一个重要的原因就在于对劳技教育的忽视。
>
> ——李约瑟《中国的科学与文明》

箴言释义

李约瑟(Joseph Terence Montgomery Needham,1900—1995),英国近代生物化学家、科学技术史专家,中国科学院外籍院士,其所著《中国的科学与文明》(《中国科学技术史》)对现代中西文化交流影响深远。李约瑟关于中国科技停滞的思考,即著名的"李约瑟难题",引发了世界各界的关注和讨论。他对中国文化、科技做出了极为重要的研究,被中国媒体称为"中国人民的老朋友"。

李约瑟博士的判断未必全面,但值得深思。一直以来,我们以古代四大发明、数学与天文发现等引以为傲,但这些科学成就并没有真正推动中国近代科学的发展。封建教育以儒学为主要内容,古代匠人地位低下,这些都是对劳技教育的忽视,而实际上这种观念在一定程度也一直在延续。中国古代匠人没有社会地位,很多科学家、技师有的本身就是官吏,有的是依附于官吏的食客,因此他们的成就往往取决于封建国家的盛衰。而百工从事的职业被称为"贱业",倍受歧视,他们的技艺常常通过血统延嗣一代一代留传下来,具有浓厚的狭隘性和保守性,一旦家族绝嗣,世代辛勤积累的宝贵技艺就会濒于失传。这种恪守祖传的技术模式有碍技术的交流,并与科学的精神背道而驰。在科技和生产迅猛发展的今天,我们应该认识到只有把学生培养成合格的劳动者,只有关注劳技教育,才能为教育的发展撑起一片蓝天。

> 在劳力上劳心,是一切发明之母。事事在劳力上劳心,便可得事物之真理。人人在劳力上劳心,便可无废人。
>
> ——陶行知《中国教育改造》

箴言释义

陶行知(1891—1946),安徽歙县人,中国人民教育家、思想家,中国人民救国会和中国民主同盟的主要领导人之一。他就读于美国哥伦比亚大学,师从约翰·杜威。回国后,先后任南京高等师范学校、国立东南大学教授、教务主任等职务。1931年在上海先后创办"山海工学团""报童工学团""晨更工学团""流浪儿工学团"等,并与政学两界的知名人士在上海发起成立中国教育学会。1935年,在中国共产党"八一宣言"的感召下,积极投身抗日救亡运动。陶行知先生毕生致力于教育事业,对我国教育的现代化作出了开创性的贡献,不仅创立了完整的教育理论体系,而且进行了大量教育实践。主要著作有《中国教育改造》《古庙敲钟录》《斋夫自由谈》。

所谓"劳力",即进行体力劳动;所谓"劳心",即进行脑力劳动;所谓"在劳力上劳心",即陶行知先生所说的"体脑结合"或"手脑双挥",要求以行动为基础,然后进行思想的创造,以求得

"新价值之产生"。中国传统教育的痼疾是重视劳心,轻视劳力,劳力与劳心分家。劳力的人只管闷起头来干,劳心的人只管闭上眼睛来想。劳力的人便成了无所用心,受人制裁,劳心的人便成了愚弄无知的高手,以致有了"劳心者治人,劳力者治于人"的现象。陶行知先生对"做"字的定义就是"在劳力上劳心"。单纯的劳力,只是蛮干,不能算"做";单纯的劳心,只是空想,也不能算"做"。真正的"做",是在劳力上劳心。只有劳力与劳心相结合,才能有进步,才能开创新局面。

> 人身两个宝，双手与大脑。用脑不用手，快要被打倒。用手不用脑，饭都吃不饱。手脑都会用，方是开天辟地的大好佬。
>
> ——陶行知《目前中国教育的两条路线》

箴言释义

陶行知先生批判用脑不用手只会变成书呆子，手无缚鸡之力，不会试验，不会创造；用手不用脑的人，生存都会有很大问题。因此，要解决这一问题就要手脑并用，一则是要解放双手，实行"脑化手"；一则是要教工农学会思想，实行"手化脑"。而用好手和脑的核心就是"做"，"做"是学的中心，也是教的中心。要想教得好、学得好，就必须做得好。要想做得好，就必须"在劳力上劳心"，以收手脑相长之效。如此手脑相长，才能生出真正进步的力量。在民族危亡之际，陶行知先生用这种教育理念去唤醒民众，帮助民众武装自卫。习近平总书记在中共中央政治局第二十次集体学习时引用了《礼记章句·中庸衍》中的"知行相资以为用"，强调坚持实践第一的观点，要以知促行、以行促知、知行合一。教育是慢慢浸润人的成长，真正践行"知行合一"的过程。

> 依照生活教育的五大目标说来：康健的生活即是康健的教育；劳动的生活即是劳动的教育；科学的生活即是科学的教育；艺术的生活即是艺术的教育；改造社会的生活即是改造社会的教育。
>
> ——陶行知《晓庄三岁敬告同志书》

箴言释义

提到教育，大家往往会联想到读书学习，以为教育便只是读书、写字。宋真宗赵恒的《励学篇》深入人心，中国人过于迷信书本学习，以为书本可以耕田、织布、治国、平天下。其实，书本也是"做"事的工具，与锄头、斧头是一类东西。所以，陶行知先生立足于中国的现状，将导师杜威的观点进行了变更，提出"生活即教育""社会即学校"，倡导生活的教育必须通过生活中的工具来实现，而书本就只是其中一种工具，不再被尊崇为唯一。在陶行知先生创办的晓庄学校，学生做各种生活化的劳动、改造社会的努力，他们为了生活而读书，以书本为参考，并非为了读书而读书。没有劳动无以生活，在劳动实践中了解生活、学会生活，才会有创造个人美好生活的动力和造福未来社会的勇气。

> 劳动是教育孩子品德很好的方式,不流汗、不懂得吃苦就不懂得珍惜,空有动机,没有纪律,没有毅力去完成,也是枉然。
>
> ——洪兰《教养在生活的细节里》

箴言释义

洪兰(1947—),福建同安人,台湾中央大学认知神经科学研究所所长、阳明大学神经科学研究所教授暨认知神经心理学实验室主持人。1969年台湾大学毕业后赴美留学,取得加州大学实验心理学博士学位,后进入圣地亚哥沙克生物研究所任研究员,并担任加州大学河滨校区研究教授。1992年回台湾任教。洪兰教授研究之余,致力科普书籍的译作。近年来有感于教育是国家的根本,而阅读是教育的根本,更致力于阅读习惯的推广。主要著作有《教育成就未来》《学会思考》等。

任何工作都有可取的地方,就算是扛沙包,也锻炼了筋骨,主要看你是否能从工作中学到有用的经验。所有大师都是先下苦功,一点一滴如学徒般开始学习、累积经验,再熟能生巧,从旧有之中变化出新的创作。所以毕加索、张大千都曾临摹别人的画,这并不可耻,人本来就不是生而知之的,必须要学,妄想不下苦功、一步登天是不可能的。经过辛苦的劳动与艰苦的忍耐,才会打下良好的基础,才能体谅与珍惜别人的成果得来不易,才有可能提出更好的看法与创意,而不是一味模仿或反对别人。习近平总书记也经历过艰苦的知青岁月,因此他深有感触地指出,人世间的美好梦想,只有通过诚实劳动才能实现;发展中的各种难题,只有通过诚实劳动才能破解;生命里的一切辉煌,只有通过诚实劳动才能铸就。

> 形成正确的劳动观念，培养学生对劳动的尊重和热爱，关键要在劳动实践中进行。
>
> ——朱永新《新教育之梦》

箴言释义

朱永新（1958—），江苏大丰人，教授、博士生导师、管理学博士，中国教育学会副会长，中国叶圣陶研究会副会长兼秘书长。作为一名教育理论家，朱永新用广大教师能够听得懂的语言说出具有教育科学规律性的理论，案例中含有教育的哲学，主要著作有《中国当代教育思想史》《我的教育理想》《我的阅读观》《让孩子创造自己》《未来学校：重新定义教育》等。近年来，朱永新致力于阅读推广，获"2020年国际安徒生奖""IBBY-iRead爱阅人物奖"。他同时也是民间教育改革行动"新教育实验"的发起人，致力于帮助教师和学生"过一种幸福完整的教育生活"。

在小学，虽然每个学生都能熟背"锄禾日当午，汗滴禾下土。谁知盘中餐，粒粒皆辛苦"的诗句，但是到处浪费的现象仍随处可见。产生这种现象的原因主要在于学生对劳动没有切身的体验和感受，根本没有理解诗句所表达的思想感情，他们只不过是把背诵诗句作为一个学习任务完成而已。如今有些有条件的学校建立农耕实验田,让学生了解或参加翻地、播种、除草、施肥、除虫、收获等整个农业生产过程,经过此番实践劳动的学生对农业劳动的辛苦肯定会有更深刻的体验,对农民的尊重一定会有所增加,也会从行动上真正珍惜一粥一饭。这样的教育效果要远远强于父母老师苦口婆心的教诲。有时,我们在劳动教育实践中也会看到,学生一边从事劳动,一边诅咒劳动,究其原因还是引导教育方式不当,导致劳动教育失去了其应有的作用。

> 我热切地呼唤构建劳技教育同其他各育之间的立交桥，尽快地走出劳技教育就是劳技课的狭窄范围，提倡生活处处有劳育、生活时时有劳育。
>
> ——朱永新《新教育之梦》

箴言释义

2020年3月，《中共中央 国务院关于全面加强新时代大中小学劳动教育的意见》中指出要整体优化学校课程设置，将劳动教育纳入各级学校的人才培养方案，形成具有综合性、实践性、开放性、针对性的劳动教育课程体系。例如，在高中课程中开设学习工艺品的绘图制作课可以增强学生的立体思维和空间想象力，锻炼他们的动手能力，调节他们的思维状态，提高学习效率。因为绘图制作本身是一门艺术，可以让学生自由发挥想象，培养审美能力，激发创造激情。通过绘图制作活动，还可以培养学生做事仔细的习惯。因此在劳技课的教育中，应该注重劳育与德育、智育、体育、美育的内在联系，强化劳育中的德育、智育、体育、美育功能，将劳技教育贯穿于培养全面发展的人的全过程。

参考文献

1. 中共中央马克思恩格斯列宁斯大林著作编译局. 马克思恩格斯全集（第35卷）[M]. 北京：人民出版社，1971.
2. 中共中央马克思恩格斯列宁斯大林著作编译局. 马克思恩格斯全集（第46卷）[M]. 北京：人民出版社，1979.
3. 中共中央文献研究室. 三中全会以来重要文献选编（上）[M]. 北京：人民出版社，1982.
4. 中共中央马克思恩格斯列宁斯大林著作编译局. 列宁全集（第34卷）[M]. 北京：人民出版社，1985.
5. 中共中央马克思恩格斯列宁斯大林著作编译局. 马克思主义经典著作选读[M]. 北京：人民出版社，1999.
6. 郭梅，周樟钰. 张光斗传[M]. 江苏人民出版社，2011.
7. ［英］玛格丽特·卡诺凡，陈高华译. 阿伦特政治思想再释[M]，北京：人民出版社，2012.
8. 习近平. 习近平谈治国理政[M]. 北京：外文出版社，2014.
9. 习近平. 在庆祝"五一"国际劳动节暨表彰全国劳动模范和

先进工作者大会上的讲话[M].北京：人民出版社，2015.

10.习近平.在知识分子、劳动模范、青年代表座谈会上的讲话[M].北京：人民出版社，2016.

11.本书编写组.中国共产党第十九次全国代表大会文件汇编[M].北京：人民出版社，2017.

12.习近平.在北京大学师生座谈会上的讲话[M].北京：人民出版社，2018.

13.人民日报评论部.习近平用典第二辑[M].北京：人民日报出版社，2018.

14.习近平.在全国劳动模范代表座谈会时的讲话[N].人民日报，2013-04-29.

15.习近平.在庆祝"五一"国际劳动节暨表彰全国劳动模范和先进工作者大会上的讲话[N].人民日报，2015-04-29.

16.习近平.坚持中国特色社会主义教育发展道路　培养德智体美劳全面发展的社会主义建设者和接班人[N].人民日报，2018-09-11.

17.卓晴君，徐长发.以劳树德　以劳增智　以劳育美[N].光明日报，2018-10-09.

后记

为引导广大青少年和职工群众充分认识劳动教育的意义、树立正确的劳动价值观，中国劳动关系学院与中国工人出版社联合策划出版《劳动教育箴言》，旨在为社会提供一本通俗易懂、内容丰富、特色显著的劳动教育通识读本。

自2020年4月起，中国劳动关系学院劳动教育中心与中国工人出版社工会与劳动关系分社组织骨干力量，克服了疫情期间的诸多困难，在系统梳理既有研究成果的基础上，充分吸纳借鉴国内外经典文献，拟定了《劳动教育箴言》的框架性提纲，经过反复征求意见后，最终确定了本书框架。之后，根据本书定位和出版社要求，创作团队进行了高强度攻关完成了初稿，又经过专家论证研讨，精心打磨，数易其稿，最后定稿。

本书得到全总领导的高度重视，郭明义、巨晓林、高凤林三位副主席亲自担纲、鼎力支持。参加编写工作的人员有：张红涛（第一章），丁红莉（第二章），刘瑶瑶（第三章、第四章），李素卿（第五章）。在编写过程中，李珂负责本书的修改完善和协调服务工作，最后由李珂、刘瑶瑶、李素卿三位同志对全书进行了统稿和审校。

这本书是一次推进劳动教育的积极尝试，但由于编者水平有限，难免存在不足和疏漏之处，恳请学界同仁批评指正，提出宝贵建议。

编　者

2020年8月

图书在版编目（CIP）数据

劳动教育箴言 / 郭明义，巨晓林，高凤林主编. —北京：中国工人出版社，2020.8
ISBN 978-7-5008-7459-1

Ⅰ. ①劳… Ⅱ. ①郭… ②巨… ③高… Ⅲ. ①劳动教育—研究—中国 Ⅳ. ①G40-015

中国版本图书馆CIP数据核字(2020)第142754号

劳动教育箴言

出 版 人	王娇萍
责任编辑	赵晨羽　周子欣
责任印制	栾征宇
出版发行	中国工人出版社
地　　址	北京市东城区鼓楼外大街45号　邮编：100120
网　　址	http://www.wp-china.com
电　　话	（010）62005043（总编室）　（010）62005039（印制管理中心） （010）82075935（工会与劳动关系分社）
发行热线	（010）62005996　82029051
经　　销	各地书店
印　　刷	三河市东方印刷有限公司
开　　本	710毫米×850毫米　1/16
印　　张	10.25
字　　数	80千字
版　　次	2020年8月第1版　2021年9月第5次印刷
定　　价	42.00元

本书如有破损、缺页、装订错误，请与本社印制管理中心联系更换
版权所有　侵权必究